民法典

百姓生活案例图解
——人格权编 侵权责任编

李冰 刘海超 主编

北京师范大学出版集团
BEIJING NORMAL UNIVERSITY PUBLISHING GROUP
安徽大学出版社

图书在版编目(CIP)数据

民法典百姓生活案例图解.人格权编 侵权责任编/李冰,刘海超主编.—合肥:安徽大学出版社,2023.1(2024.11重印)

ISBN 978-7-5664-2523-2

Ⅰ.①民… Ⅱ.①李… ②刘… Ⅲ.①人格－权利－案例－中国②侵权法－案例－中国 Ⅳ.①D923.05

中国版本图书馆 CIP 数据核字(2022)第 220067 号

民法典百姓生活案例图解
—— 人格权编 侵权责任编　　　李　冰　刘海超　主编

出版发行 :	北京师范大学出版集团	
	安 徽 大 学 出 版 社	
	(安徽省合肥市肥西路 3 号 邮编 230039)	
	www.bnupg.com	
	www.ahupress.com.cn	
印　　刷 :	廊坊市博林印务有限公司	
经　　销 :	全国新华书店	
开　　本 :	690 mm×960 mm　1/16	
印　　张 :	9.25	
字　　数 :	148 千字	
版　　次 :	2023 年 1 月第 1 版	
印　　次 :	2024 年 11 月第 2 次印刷	
定　　价 :	39.80 元	

ISBN 978-7-5664-2523-2

策划编辑:	马晓波　蒋　松		装帧设计:	徐荣强
责任编辑:	马晓波		美术编辑:	李　军
责任校对:	刘婷婷		责任印制:	陈　如　孟献辉

版权所有　侵权必究

反盗版、侵权举报电话:0551—65106311
外埠邮购电话:0551—65107716
本书如有印装质量问题,请与印制管理部联系调换。
印制管理部电话:0551—65106311

前　言

《中华人民共和国民法典》（以下简称《民法典》）是一部真正意义上的"社会生活百科全书"，是我国第一部以"法典"命名的法律，在法律体系中居于基础性地位，也是市场经济的基本法。

《民法典》的实施，是我国法制建设史上的一个里程碑，对于推进国家治理体系和治理能力的现代化，不断满足人民群众对美好生活的向往，将会产生重要的影响。

随着社会发展进程的不断推进，我们的法律也在不断地成熟和完善。"民有所呼，法有所应"，是《民法典》追求的最终目标。

根据党和政府的精神以及习近平总书记的指示，《民法典》的普法工作是"十四五"时期普法工作的重点。特别是要引导群众养成自觉守法的意识，形成遇事找法律的习惯，培养解决问题靠法律的意识和能力。更要把《民法典》纳入国民教育体系，加强对青少年的普法教育，弘扬社会主义核心价值观。

多年的普法实践证明，普法教育对于普及法律知识、提高公民法制观念、增强全社会依法办事意识具有十分重要的作用。特别是对老年人、未成年人、残疾人、农村居民等进行全面普法教育，是提高全民法律素质的需要。保护好广大人民群众自身的合法权益，是构建和谐社会、维护社会和经济秩序的基础。

为此，我们特别编撰了"民法典百姓生活案例图解"系列丛书。主要包括相关广大人民群众应知应懂、实际实用的民法条款，同时采用生动案例的方式阐述相应条款的释义解析、具体实施等，每本书最后都附有《民法典》的相关条文。

本丛书根据内容配有精美的漫画插图，图文并茂，排版采用了大字号方便阅读。因此，本丛书具有很强的可读性和实用性，是广大人民群众学习民法的良师益友。

本丛书编写组

2022年10月10日

目 录

人格权编：维护做人尊严的法律底线 // 1

亡夫受到诋毁，遗孀能维权吗？ // 2
对违约行为能请求精神损害赔偿吗？ // 5
同伴溺水，未成年人有救助义务吗？ // 8
生前未表示捐献器官，家属可以捐献吗？ // 12
自愿卖肾，属于违法行为吗？ // 15
被性骚扰后可以向用人单位寻求救济吗？ // 18
多年后发现被冒名顶替上大学，受害者的何种权利被侵害了？ // 21
给孩子起名时，能不用父母的姓吗？ // 24
肖像权仅仅是一张脸吗？ // 27
未经本人同意，娱乐性质的 AI 换脸是否侵权？ // 31
死者就没有人格权了吗？ // 35
侵犯他人名誉权，将要承担什么责任？ // 39
基于原型创作的文学形象，侵犯原型名誉权吗？ // 43
丢失他人奖杯，属于侵犯荣誉权吗？ // 46
粉丝用无人机偷拍明星私宅，是否侵害明星的隐私权？ // 49
APP 泄露个人信息怎么维权？ // 53

侵权责任编：侵害他人民事权益的责任承担 // 57

体育比赛中被撞身亡，责任由谁来承担？ // 58

租户常年不交房租，房东可以扣留租户的财物吗？// 61
丈夫被撞身亡后，妻子可以要求肇事者进行人身损害赔偿吗？// 64
父亲骨灰被扬撒，儿子可以主张精神损害赔偿吗？// 67
精神病人打伤他人，责任由谁承担？// 70
邻居帮忙看管孩子期间，孩子打伤他人，谁来承担责任 // 73
梦游期间打伤他人，需要承担责任吗？// 76
保险理赔人员失误导致不能理赔，保险公司需要承担责任吗？// 79
网站泄露个人信息，网站有什么责任？// 82
影院地面湿滑造成人员受伤，影院需要承担责任吗？// 86
学生在校被打伤，学校需要承担责任吗？// 89
手机突然爆炸殃及购买者，谁来承担责任 // 92
借出去的车发生交通事故，车主需要承担责任吗？// 95
无偿搭乘顺风车发生交通事故，司机需要承担责任吗？// 98
医院能泄露病人的病历资料吗？// 100
患者家属大闹医院，这种行为合法吗？// 103
家门前的护城河被污染，臭气熏天，居民应向谁追责？// 106
遗失雷管被他人拾到后发生爆炸，责任由谁来承担 // 109
宠物或动物园的动物伤害他人，谁来承担责任 // 112
大风导致阳台花盆掉落砸伤他人，花盆所有人需要承担责任吗？// 116

附录：中华人民共和国民法典·人格权编 侵权责任编 // 119

人格权编：
维护做人尊严的法律底线

亡夫受到诋毁，遗孀能维权吗？

生活小案例

张某是一位著名的导演，某日因心脏疾病猝死于酒店客房内。不久后，王某为提高自己社交媒体账号的关注度，在自己的社交媒体账号上杜撰多篇文章，声称张某是因性猝死，私生活混乱，和他人还生有私生子。随后各大网站相继转发并作了相应报道，事件迅速发酵。张某的妻子关某得知后，身心受到重大打击。作为张某遗孀的关某能维权吗？

 **案例分析**

本案主要涉及对死者人格利益的保护问题。根据《民法典》的规定，死者的姓名、肖像、名誉、荣誉、隐私、遗体等受到侵害的，其配偶、子女、父母有权依法请求行为人承担民事责任。

本案中，王某杜撰诽谤张某的文章并公开发表，经过多家媒体转发报道，严重损害了张某的名誉，使张某的遗孀关某身心遭受重大打击。王某的行为侵害了死者张某的名誉，属于侵权行为，张某的遗孀关某有权依法请求王某承担民事责任。

 **关联法条**

《中华人民共和国民法典》

第九百九十四条 死者的姓名、肖像、名誉、荣誉、隐私、遗体等受到侵害的，其配偶、子女、父母有权依法请求行为人承担民事责任；死者没有配偶、子女且父母已经死亡的，其他近亲属有权依法请求行为人承担民事责任。

 **法条释义**

本条主要阐述了《民法典》对于死者人格利益的保护。

自然人死亡的，其民事权利能力消灭，但是一个人的死亡并不意味着其人格利益一并消灭，我国法律对死者的人格利益依然给予保护。

《民法典》对死者的姓名、肖像、名誉、荣誉、隐私、遗体等人格利益进行保护。当死者的人格利益受到侵害时，死者的配偶、子女、父母有权以自己的名义向法院起诉，并请求行为人承担相应的民事责任。

如果死者没有配偶、子女、父母，其他近亲属可以以自己的名义主张保护死者的人格利益。对死者的人格利益的保护请求权是没有期限限制的，而是取决于死者是否有近亲属，如果死者已经没有近亲属，则法律不再予以保护。

如果行为人侵害了社会公共利益，检察机关可以提起公益诉讼进行保护，侵害英雄烈士的人格利益即是如此。

对违约行为能请求精神损害赔偿吗?

生活小案例

婚礼举办前,苏某与 A 婚庆公司签订了婚庆服务协议,约定该公司为苏某提供婚礼摄像服务,服务费 1000 元。婚礼举办后,A 婚庆公司告知苏某婚礼录像只有 6 分钟时间,未能完整摄录结婚典礼的全过程。

苏某认为此事对其精神造成了极大的伤害,遂起诉至人民法院,要求 A 婚庆公司退还服务费,并赔偿精神损失。苏某的请求能得到法院的支持吗?

 **案例分析**

本案主要涉及违约行为的精神损害赔偿。本案中，苏某与 A 婚庆公司订立的服务协议是记录自己结婚的过程，以作纪念，满足自己精神方面的需求。A 婚庆公司没有摄录完整的结婚过程，已经影响协议的实现，而且这种损害是无法弥补的，对苏某造成了精神损害。

根据《民法典》的规定，因当事人一方的违约行为，损害对方人身权益、财产权益的，受损害方有权选择请求其承担违约责任或者侵权责任。同时因当事人一方的违约行为，损害对方人格权并造成严重精神损害，受损害方选择请求其承担违约责任的，不影响受损害方请求精神损害赔偿。所以，苏某可以要求 A 婚庆公司承担违约责任，同时请求精神损害赔偿。

 **关联法条**

《中华人民共和国民法典》

第九百九十六条 因当事人一方的违约行为，损害对方人格权并造成严重精神损害，受损害方选择请求其承担违约责任的，不影响受损害方请求精神损害赔偿。

 **法条释义**

本条是《民法典》关于违约行为精神损害赔偿的规定。

精神损害赔偿是行为人因侵犯他人人格权致使自然人受到精神上的痛苦而应承担的民事责任。精神损害赔偿一般是在侵权责任中适用，但是实践中也不乏因为违约行为侵害债权人人格利益并造成严重精神损害的情况。《民法典》明确规定，追究违约责任的同时，在一定情形下可以请求精神损害赔偿。

《民法典》第九百九十六条规定了违约责任的精神损害赔偿，完善了合同本身对于人格利益的保护范围与救济权利的方式。但是一般意义上的违约行为是不会产生精神损害赔偿的。适用该条款的条件：①以双方当事人存在合同上的债权债务关系为前提；②一方当事人有违反合同约定的违约行为；③债务人在侵害了债权人权益的同时，还侵害了债权人的人格权，造成严重精神损害，如造成受害人心理创伤和精神痛苦。同时具备上述要件的，受损害方有权请求债务方承担违约责任，同时请求精神损害赔偿。

同伴溺水，未成年人有救助义务吗？

生活小案例

暑假里的一天，学生小甲和小乙邀约小丙一起去野湖游泳。小丙游到湖中心时突然腿部抽筋，赶紧呼叫求救。

小乙意识到小丙溺水，赶紧把情况告诉年纪稍大的小甲。小甲因为害怕，拉着小乙迅速离开现场。回家路上，小甲叮嘱小乙不要把这件事情告诉家长，小乙同意了。小丙不幸溺水死亡。

悲痛欲绝的小丙父母状告小甲和小乙及其监护人，要求几名被告共同赔偿100万元，其中包括丧葬费、死亡赔偿金以及抢救费61万元。法院会怎么判决呢？

 **案例分析**

　　本案的焦点在于在危险情况下，同伴是否有救助义务。被告小甲、小乙邀约小丙到偏僻处游泳，该行为本身具有明显的危险性；在小丙溺水时，同行的小甲、小乙有义务对其进行力所能及的救助，但他们不但没有履行救助义务，反而离开现场，放任小丙溺水死亡；事后他们试图向父母隐瞒。

　　《民法典》规定：自然人的生命权、身体权、健康权受到侵害或者处于其他危难情形的，负有法定救助义务的组织或者个人应当及时施救。被告小甲、小乙对小丙的死亡后果存在明显而严重的过错，依法应当承担赔偿责任。

　　根据该案查明的事实，原告主张的丧葬费、死亡赔偿金以及抢救费等共计61万元有事实和法律依据，法院予以支持。被告小甲是同行行为的组织者，在同行3人中年龄最大，事发后，他不但没有履行救助义务，还阻止被告小乙报警和求救，其过错程度最大，应承担大部分赔偿责任。因此，法院判定小甲承担70%的赔偿责任，即43万元。被告小乙事发后没有坚持报警和求救，法院判定其承担20%的赔偿责任，即12万余元。原告未履行法定的监护职责，自行承担10%的责任。

 **关联法条**

《中华人民共和国民法典》

　　第一千零五条　自然人的生命权、身体权、健康权受到侵害或者处于其他危难情形的，负有法定救助义务的组织或者个人应当及时施救。

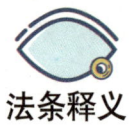

法条释义

本条是《民法典》关于救助义务的规定。

救助义务是一种民事义务，自然人的生命权、健康权受到侵害或者处于其他危难情形的，其他同行人有义务进行力所能及的救助。

救助义务包括法定义务和先行行为引起的义务。法律规定的救助义务分为两类：一类是职务或业务上的义务，如警察、医生、消防员的救助义务；另一类是法定身份带来的救助义务，如夫妻关系或者父子关系等。先行行为引起的救助义务，是在恋爱关系、同伴关系等人之间形成，虽然没有法定义务，但是基于双方意思表示共同从事某种行为或处于某种环境之下而具有的救助义务，例如案例中的同伴关系。

当然，法律并不强人所难。如果已经尽力救助却没有成功，当事人不用承担责任；如果当事人没有救助能力，应当求助于其他外部力量来进行救援。在当事人没有能力的情况下，法院也不主张当事人凭自己的力量贸然施救。但是，在有能力施救却没有进行施救的情况下，导致他人生命权、身体权、健康权受损，见危不救者要承担赔偿责任。

在该案中，法律不要求两名未成年被告凭借自身的能力直接对遇难者施救，但是他们本身有能力和条件向外部力量求救，可以报警、通知家长，但是他们都没有做，反而隐瞒真相，所以才会被判承担责任。救助他人已经不仅仅是道德上的约束，更是一种法定义务，是我们每一个公民需要承担的责任。

此外，我们还要清楚一点："见义勇为"不属于法律救助义务。见义勇为者是为了减少他人利益受到损害而挺身而出,进行施救,他们没有法律上的救助义务。如果见义勇为者在救助过程中没有起到预想的作用,接受救助者及其家属也没有权利让见义勇为者承担责任;相反,若见义勇为者因为救助他人而遭受损害,有权要求受益人赔偿其受到的损失。

生前未表示捐献器官,家属可以捐献吗?

生活小案例

王某(未婚)死亡时年仅23周岁,死因是上班途中遭遇车祸。现因为器官捐赠一事,王某父母产生了分歧。王某父亲说,王某是学医的,她的志愿就是能够帮助更多的人,所以想将王某尚完好的器官捐给有需要的人。但是王某母亲无法接受,拒绝捐赠。据了解,王某生前没有签订器官捐赠协议,也没有明确表示拒绝捐赠。王某的器官可以捐赠吗?

案例分析

本案例主要涉及死者器官能否捐献的问题。王某生前没有签订捐赠协议，也没有明确表示拒绝捐赠。王某父亲想要将王某的器官进行捐赠，而王某母亲拒绝捐赠。依据《民法典》的规定，自然人生前未表示不同意捐献的，该自然人死亡后，其配偶、成年子女、父母可以共同决定捐献，决定捐献应当采用书面形式。本案例中，王某的父母对捐赠一事并没有协商一致，所以不能捐赠王某的器官。

《中华人民共和国民法典》

第一千零六条 完全民事行为能力人有权依法自主决定无偿捐献其人体细胞、人体组织、人体器官、遗体。任何组织或者个人不得强迫、欺骗、利诱其捐献。

完全民事行为能力人依据前款规定同意捐献的，应当采用书面形式，也可以订立遗嘱。

自然人生前未表示不同意捐献的，该自然人死亡后，其配偶、成年子女、父母可以共同决定捐献，决定捐献应当采用书面形式。

第一千零七条 禁止以任何形式买卖人体细胞、人体组织、人体器官、遗体。

违反前款规定的买卖行为无效。

以上条文是《民法典》关于器官捐献的相关规定。

捐献人体器官、组织、遗体等是关乎捐献者生命权的重大决定，所以要求一定是捐献者基于自愿作出的决定。器官捐献有两类：

（1）活体器官的捐献。活体器官的捐献需具备以下几个条件：①捐献者是完全民事行为能力人，任何人都不得摘取未满十八周岁的未成年人的器官进行移植；②必须是捐献者的真实意思表示，任何组织或者个人都不得用强迫、欺骗或者利诱的方式让他人捐献人体器官；③必须有捐献者的书面意思表示，如果捐献者反悔的可以进行撤销；④活体器官的接受人特定，即活体器官的接受人限于活体器官捐献人的配偶、直系血亲或者三代以内旁系血亲，或者有证据证明与活体器官捐献人存在因帮扶等形成亲情关系的人员。

（2）尸体的器官捐赠。可以通过死者生前办理捐献志愿登记或订立遗嘱的方式，确定死后捐献自己的器官。在自然人生前明确拒绝捐献的情况下，任何组织或者个人不得擅自摘取死者的器官或者捐献遗体。但是，如果死者生前没有表示不同意捐赠，自然人死亡后，其配偶、成年子女、父母可以以书面的方式共同决定捐献。

自愿卖肾，属于违法行为吗？

生活小案例

小李是个没有经济收入的学生，他对某品牌手机有着极大热情，但是钱不够。正在小李一筹莫展之际，朋友小江也想买新出的手机，两人相约去卖肾换钱。

于是，两人加入一个QQ群，在咨询卖肾的具体事宜后，到医院作了身体检查。在等待检查结果的时候，渐渐冷静下来的小李觉得卖肾买手机不划算，而且QQ群有蹊跷，便拨打报警电话举报了该QQ群。小李"卖肾"的行为合法吗？

案例分析

本案例的焦点在于自愿卖肾是否触犯法律。《民法典》中明确规定：禁止以任何形式买卖人体细胞、人体组织、人体器官、遗体。

很多人认为自己的身体属于自己所有，所以可以用来交易，换取钱财。但是人体是生命权、健康权、身体权等权益的载体，而不是表面意义上的"物"，所以不能划入"财产"范围，而是属于"人格"范围。因此，人体及器官不能成为买卖的标的物，不可以进行交易。

本案例中，虽然小李是自愿卖肾，但是买卖人体器官是法律明确禁止的违法行为，所以小李触犯了法律。如果小李"卖肾"成功，身体由此受到损害，他也无法主张损害赔偿。

此外，案例中的QQ群的组织者，涉嫌组织出卖人体器官罪。无论是否自愿，买卖器官都是法律禁止的。而组织他人出卖器官，更是严重的违法行为。

关联法条

《中华人民共和国民法典》

第一千零七条 禁止以任何形式买卖人体细胞、人体组织、人体器官、遗体。

《中华人民共和国刑法》

第二百三十四条之一 组织他人出卖人体器官的，处五年以下有期徒刑，并处罚金；情节严重的，处五年以上有期徒刑，并处罚金或者没收财产。

法条释义

以上条文是《民法典》和《中华人民共和国刑法》（以下简称《刑法》）关于器官买卖的相关规定。

人口买卖、肉体买卖与人体器官买卖被认为是"世界上最肮脏的三大交易"。随着器官移植需求与供给之间的不平衡日益加剧，一些不法之徒或利用他人家境贫困、急需用钱的窘况，或采取强迫、引诱欺骗手段，组织他人出卖人体器官，从中牟取利益。

这些行为严重侵害了公民生命、健康权利，违反了社会伦理道德底线，具有严重的社会危害。即便买卖双方当事人都是自愿的，法律也不允许这种交易进行。

> 案例中的QQ群的组织者，涉嫌组织出卖人体器官罪。无论是否自愿，买卖器官都是法律禁止的。而组织他人出卖器官，更是严重的违法行为。

被性骚扰后可以向用人单位寻求救济吗？

生活小案例

一名女性网友在网上爆料，她就职的一家大型企业的某业务主管经常"潜规则"女下属，逼迫女下属与其发生关系，如果女下属拒绝，主管就会以辞退或者各种工作上的业务受损进行威胁。同时该网友还爆料，公司高层明知此事却一味纵容。被性骚扰后可以向用人单位寻求救济吗？

案例分析

本案例主要涉及被性骚扰后的维权问题。案例中的女下属在职场中被性骚扰，其人身权益受到损害。根据《民法典》的规定，机关、企业、学校等单位应当采取合理的预防、受理投诉、调查处置等措施，防止和制止利用职权、从属关系等实施性骚扰的行为。

所以，职工遇到性骚扰后是可以向单位寻求救济的，同时单位也有责任预防和制止性骚扰行为。因此，本案例中的受害者可以向单位寻求救济，同时单位也有责任受理投诉并对该事件进行处置。

关联法条

《中华人民共和国民法典》

第一千零一十条 违背他人意愿，以言语、文字、图像、肢体行为等方式对他人实施性骚扰的，受害人有权依法请求行为人承担民事责任。

机关、企业、学校等单位应当采取合理的预防、受理投诉、调查处置等措施，防止和制止利用职权、从属关系等实施性骚扰。

法条释义

本条是《民法典》对性骚扰行为的规定。

《民法典》首次对性骚扰行为进行了法律界定，即以动作、语言、文字、图像等方式，违背他人意愿实施的骚扰。据此可知，性骚扰不再局限于肢体上的行为，可以是文字、语言等方式；性骚扰的对象也非局限于女性，而是用"他人"来替代，说明男性也在保护范围之内。

对他人实施性骚扰的，应当承担侵权责任。构成性骚扰侵权应满足一定的条件：①有性骚扰的行为，即违背受害人的意志，侵害其性自主权的行为。同性之间也可能构成性骚扰，但是要有一定的违法性才构成侵权，例如违背公共利益或者善良风俗，或者违背保护性自主权的规定。②有受到侵害的事实。不仅仅表现在人身上的损害，还可以是精神损害、精神折磨或者财产利益的损害。③性骚扰行为与损害结果之间有因果关系。④行为的主观方面是故意，过失不构成性骚扰的侵权行为。

根据本条第二款的规定，单位负有采取合理措施提前预防以及及时制止性骚扰行为的责任。立法之所以要求用人单位履行防范和制止性骚扰行为的义务，是因为用人单位对其工作人员可以进行有效的管理和控制，能够及时有效制止性骚扰行为。对于性骚扰行为，用人单位可以采取以下预防或处置措施：①用人单位要提供安全的工作环境；②用人单位应该通过制定单位规章的方式限制和惩罚实施性骚扰行为的人员；③在单位规章中明确规定性骚扰的惩罚机制和救济程序机制。

多年后发现被冒名顶替上大学，受害者的何种权利被侵害了？

生活小案例

2011年，20岁的陈某参加了高考，明明成绩过了专科线，她却没有接到录取通知书。之后，她抱着落榜的遗憾外出打工去了。

10年后，陈某参加了成人高考，考入A大学，直到办理学籍时才发现，学籍系统里有她当年的录取信息。系统信息显示，陈某当年被B职业技术学院录取了，在B职业技术学院读了三年专科。

在中国高等教育学生信息网上，陈某发现，系统里的人与自己身份信息一致，只有照片不是自己的。冒名顶替他人上大学，侵害了受害人的什么权利？

 **案例分析**

本案主要涉及侵害姓名权的问题。根据《民法典》的规定，自然人享有姓名权，有权依法决定、使用、变更或者许可他人使用自己的姓名，任何组织或者个人不得以干涉、盗用、假冒等方式侵害他人的姓名权。

本案中，冒名顶替者以陈某的姓名、信息等上大学，侵害了陈某的姓名权。所以，陈某有权要求冒名顶替者承担侵权责任。但是，这里有一个值得注意的问题：陈某10年后才发现被他人侵犯了姓名权，是不是已过诉讼时效期间？

根据《民法典》的规定，向人民法院请求保护民事权利的诉讼时效期间为三年。诉讼时效期间自权利人知道或者应当知道权利受到损害以及义务人之日起计算，即本案诉讼时效期间应从陈某发现被冒名顶替上大学之日起计算。因此，陈某的请求权并未超过诉讼时效期间，仍有权向人民法院提起诉讼要求冒名顶替者承担侵权责任。此外，陈某也可以依法向有关国家机关控告，要求追究冒名顶替者的行政责任、刑事责任，以维护自己的合法权益。

 **关联法条**

《中华人民共和国民法典》

第一千零一十二条 自然人享有姓名权，有权依法决定、使用、变更或者许可他人使用自己的姓名，但是不得违背公序良俗。

第一千零一十四条 任何组织或者个人不得以干涉、盗用、假冒等方式侵害他人的姓名权或者名称权。

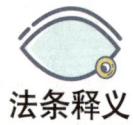 **法条释义**

以上条文是《民法典》关于姓名权以及姓名权或名称权不得被非法侵害的规定。

姓名权是指自然人决定、使用和依照规定改变自己姓名的权利。自然人有权依法决定、使用、变更或者许可他人使用自己的姓名，但是不得违背公序良俗。姓名权的具体内容包括：①姓名决定权，即自然人决定自己姓名的权利。②姓名使用权，即自然人根据自己的意愿使用自己的姓名进行民事法律行为的权利。姓名使用权是一种专有使用权，排除他人使用同一姓名的情况，但是重名的除外，这也叫姓名的平行。③姓名变更权，即自然人可以依据自己的意愿变更自己姓名的权利。需要注意的是，自然人变更自己的姓名时必须遵守有关规定。④许可他人使用自己姓名的权利。未经本人同意使用他人姓名的，构成侵害姓名权。此外，具有一定社会知名度，被他人使用足以造成公众混淆的笔名、艺名、网名、译名、字号、姓名和名称的简称等，也可以适用关于姓名权的规定，同样受到保护。

姓名权是自然人享有的一种专属性人格权，任何组织和个人不得以干涉、盗用、假冒等方式侵害他人的姓名权。此处需要注意的是，假冒与盗用的区别：①盗用姓名是未经姓名权人同意而擅自使用，而假冒姓名专指冒名顶替；②盗用姓名的行为人并没有直接以受侵害人的身份进行民事活动，而假冒姓名则是以实际权利人的身份直接进行民事活动；③盗用姓名仅仅是以他人的名义活动，而假冒姓名则是利用被侵权人的姓名，冒充他人参加民事活动。

给孩子起名时，能不用父母的姓吗？

生活小案例

李先生和陈女士生有一子，在给孩子上户口时遇到了问题，李先生不准备让孩子随父母的姓，而是姓张。原因是，李先生是随妈妈的姓，如今有了孩子，想让孩子随自己父亲的姓，李先生的父亲姓张。但让李先生没想到的是，在办理户口登记时，当地派出所以孩子只能随父姓或者母姓为由，拒绝予以登记。李先生能否让孩子姓张呢？

案例分析

本案例主要涉及公民姓氏的选取规则。根据《民法典》的规定，自然人应当随父姓或者母姓，但是自然人也可以选取其他直系长辈血亲的姓氏。本案例中的李先生让孩子姓张是因为孩子的爷爷姓张，而爷爷是孩子的直系长辈血亲，所以，李先生的要求并不违反法律的规定，派出所应当为其办理户口登记。如果派出所不予登记，李先生可以提起行政诉讼，要求人民法院纠正派出所不予登记的行为。

关联法条

《中华人民共和国民法典》

第一千零一十五条 自然人应当随父姓或者母姓，但是有下列情形之一的，可以在父姓和母姓之外选取姓氏：

（一）选取其他直系长辈血亲的姓氏；

（二）因由法定扶养人以外的人扶养而选取扶养人姓氏；

（三）有不违背公序良俗的其他正当理由。

少数民族自然人的姓氏可以遵从本民族的文化传统和风俗习惯。

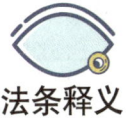
法条释义

本条是《民法典》关于自然人选取姓氏的规定。

姓氏与名字不同，姓氏代表的是一个家族的血缘传承，涉及公序良俗。因此，《民法典》规定，自然人原则上应当随父姓或者母姓。但是，具有下列情形之一的，可以在父姓和母姓之外选取姓氏：①选取其他直系长辈血亲的姓氏。例如选取祖父母、外祖父母的姓氏。②因由法定扶养人以外的人扶养而选取扶养人姓氏。例如，长期被父母以外的人扶养，但是并没有形成收养关系的扶养人的姓氏。③有不违背公序良俗的其他正当理由。例如，妻子难产，紧急情况下被好心人送往医院，为表谢意而让孩子随恩人的姓氏。

　　少数民族自然人的姓氏选取，依据民族自治原则，遵从本民族的文化传统和风俗习惯。根据《民法典》的规定，可以依照该少数民族的语言特色选取姓氏。有些少数民族因为改汉姓而改变了原来的姓氏，也是符合法律规定的。

肖像权仅仅是一张脸吗？

生活小案例

李某是某市知名舞蹈演员，深受当地观众喜爱。当地A公司老总张某看到李某一张剧照，非常喜欢，立刻想到使用该剧照给自己公司的产品做广告。

可是，请李某做广告成本太高，张某便利用电脑成像技术，给剧照进行"换脸"。这样，这张广告图片就成了李某的身体加上另一位女士的脸。

广告出来之后，很快在当地家喻户晓。李某看到后非常生气，认为A公司侵犯了自己的肖像权。但是A公司认为广告中根本没有用到李某的肖像，李某这是有意讹诈。因为协商无果，李某只好到法院起诉了A公司，要求停止侵害、消除影响、赔偿损失。那么，法院会怎么判决呢？

案例分析

本案的争议焦点在于李某的剧照被换脸后，李某的肖像权是否遭到侵犯。大众就A公司是否侵犯李某的肖像权有两种意见。

第一种意见认为：肖像，顾名思义是以面部为中心的形态和神态的客观表现，简单地说就是一张脸。A公司只用了李某的舞姿，一般人仅从四肢和躯干，并不能判断那是李某，因而不构成侵权，自然也就不应承担任何责任。第二种意见则认为侵犯了李某的肖像权。《民法典》中规定，肖像是通过影像、雕塑、绘画等方式在一定载体上所反映的特定自然人可以被识别的外部形象。李某跳舞的形象已深入人心，剧照被广为收藏，其四肢、躯干的舞台艺术形象也能确定是她的形象和特征，是可以被识别的外部形象，因此A公司存在侵权行为。

A公司在没有得到李某授权的情况下，擅自将剧照改成广告，既是对剧照的修改、毁损，也破坏了剧照的完整性。

最终，法院判定：A公司侵犯了李某的肖像权，要立即撤回广告、停止侵害，并在媒体上公开道歉，消除影响，赔偿李某损失。

关联法条

《中华人民共和国民法典》

第一千零一十八条 自然人享有肖像权，有权依法制作、使用、公开或者许可他人使用自己的肖像。

肖像是通过影像、雕塑、绘画等方式在一定载体上所反映的特定自然人可以被识别的外部形象。

第一千零一十九条 任何组织或者个人不得以丑化、污损，或者利用信息技术手段伪造等方式侵害他人的肖像权。未经肖像权人同意，不得制作、使用、公开肖像权人的肖像，但是法律另有规定的除外。

未经肖像权人同意，肖像作品权利人不得以发表、复制、发行、出租、展览等方式使用或者公开肖像权人的肖像。

法条释义

以上条文是《民法典》关于肖像权的规定。

肖像权，是指自然人以在自己的肖像上所体现的人格利益为内容，享有的制作、使用、公开以及许可他人使用自己肖像的具体人格权。肖像权作为一种人格权的体现，除了具备人格权所共同具有的绝对性、专属性等特点，还有以下两项重要特征：

（1）肖像权的主体只能是特定的自然人。肖像是自然人形象的外在表现，反映的是自然人的外部生理特征，所以肖像权只能为自然人所享有。也就是说，法人等团体或社会组织无法拥有肖像权。

（2）与其他人格权种类相比，肖像权具备更多的财产利益。肖像中所包含的艺术价值在市场交易中可以直接体现为一定的财产价值。当然，肖像权所包含的这种物质利益，究其根源是由肖像权的人格利益所派生和转化而来的，并不足以改变肖像权的人格权属性。

科技的发展推动了社会进步，人工智能换脸技术成为一种流行风尚,很多人出于好玩的心理,缺乏法律意识,侵害了他人权利还不自知。虽然这种"无意识"在网络时代较为普遍,但并不意味着其"存在即合理"。按照法律规定,凡在未经授权的情况下,通过人工智能技术给他人换脸,都构成侵权。

未经本人同意,娱乐性质的 AI 换脸是否侵权?

生活小案例

网名为"换脸哥"的某网站用户运用相关软件,将某电视剧中 A 明星的脸,换成了 B 明星的脸,并将处理过的视频发到了网站上。因为 AB 两个明星都比较出名,所以立即引发了许多用户的讨论。未经本人同意,娱乐性质的 AI 换脸是否侵权?

案例分析

本案例主要涉及侵害肖像权的问题。根据《民法典》的规定，任何组织或者个人不得以丑化、污损，或者利用信息技术手段伪造等方式侵害他人的肖像权。行为人一旦实施了前述行为，不管是否具有营利目的，都应承担侵权责任。本案例中，"换脸哥"把 A 明星的脸换成了 B 明星的脸，并且该行为能够让大家很清晰直观地辨认出就是 B 明星。所以，即使是出于娱乐目的，"换脸哥"的行为也涉嫌侵犯 B 明星的肖像权。

关联法条

《中华人民共和国民法典》

第一千零一十九条 任何组织或者个人不得以丑化、污损，或者利用信息技术手段伪造等方式侵害他人的肖像权。未经肖像权人同意，不得制作、使用、公开肖像权人的肖像，但是法律另有规定的除外。

未经肖像权人同意，肖像作品权利人不得以发表、复制、发行、出租、展览等方式使用或者公开肖像权人的肖像。

第一千零二十条 合理实施下列行为的，可以不经肖像权人同意：

（一）为个人学习、艺术欣赏、课堂教学或者科学研究，在必要范围内使用肖像权人已经公开的肖像；

（二）为实施新闻报道，不可避免地制作、使用、公开肖像权人的肖像；

（三）为依法履行职责，国家机关在必要范围内制作、使用、公开肖像权人的肖像；

（四）为展示特定公共环境，不可避免地制作、使用、公开肖像权人的肖像；

（五）为维护公共利益或者肖像权人合法权益，制作、使用、公开肖像权人的肖像的其他行为。

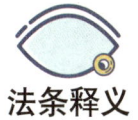
法条释义

以上条文是《民法典》中关于侵害公民肖像权行为和肖像合理使用的相关规定。

肖像权的基本内容主要包括以下四项：

（1）制作专有权。随着智能手机的普及，生活中肖像一般是自己制作，但有时是他人制作，比如拍艺术照、证件照。无论肖像由谁制作，肖像权人都对自己的肖像享有专有权。

（2）使用专有权。肖像权人对自己的肖像享有使用权，他人未经许可不得擅自使用。

（3）使用转让权。肖像权人可以依自己的意志，将肖像的利用或使用价值转让给他人，由他人使用。

（4）利益维护权。肖像权受到侵害时，肖像权人有权维护自己的合法权利。

侵犯肖像权的行为方式主要包括：

（1）丑化、污损或者利用信息技术手段伪造等方式侵害他人的肖像权。不管是丑化、污损还是伪造的行为，都可能具有相当的恶意。因此，只要是未经权利人同意，都构成侵害肖像权。

（2）未经肖像权人同意，制作、使用、公开肖像权人的肖像。这些权利都是专属肖像权人的权利，没有得到授权实施该行为，都是侵权行为。

（3）未经肖像权人同意，肖像作品权利人的发表、复制、发行等行为。虽然肖像作品的权利人有著作权，但是要后于肖像权。未经权利人同意，肖像作品的权利人不得擅自作出发表、复制、发行等行为。

《民法典》还规定了肖像权的合理使用，即不经过肖像权人的同意可以实施下列行为：

（1）为个人学习、艺术欣赏等在必要范围内使用已经公开的肖像。如果是未公开的肖像或者超出本条限定的范围，则构成侵害肖像权。

（2）为新闻报道，不可避免地使用。这一使用行为是因为新闻报道具有舆论监督的作用，所以为了公共利益，可以不经过权利人同意直接使用其肖像。

（3）为了履职，国家机关在必要范围内公开、使用。例如发布通缉令。

（4）为了展示特定环境不可避免地使用。例如拍摄荷花池，不可避免地会拍到游客。

（5）为了公共利益或肖像权人的合法利益而使用。例如，为了寻回失踪儿童而合理使用其肖像。

死者就没有人格权了吗？

> 一位公民因为救火而丧生，事件轰动全国。却有一位博主在微博上开玩笑，将这位公民比作"烤肉"。

生活小案例

一位公民因为救火而丧生，事件轰动全国。却有一位博主在微博上开玩笑，将这位公民比作"烤肉"。该博主"粉丝"众多，微博内容一经发表，迅速被大量阅读、转发和评论。

死者的近亲属把该博主告上法庭，认为被告以博文方式对死者进行侮辱、丑化，侵犯了死者的名誉权。那么，该博主会受到怎样的处罚呢？

 **案例分析**

本案的焦点在于死者是否拥有人格权。虽然自然人死亡的同时，其民事权利能力一并消灭，但是一个人的死亡并不意味着其人格利益一并消灭，所以死者是拥有人格权的。而其他人或者组织，不能够以侮辱、诽谤等方式侵害他人的名誉权。

在本案中，被告发表的言论将救火的公民比喻成"烤肉"，是对救火公民的人格贬损和侮辱，属于故意侵权行为。而且，该言论通过公众网络平台快速传播，已经造成了严重的社会影响，伤害了社会公众的感情，触碰了道德底线，同时损害了公共利益，也给死者的亲属带来了精神伤害。

自然人死亡后，其近亲属因侵权行为遭受精神痛苦，向人民法院起诉请求赔偿精神损害的，人民法院应当依法予以受理。法院认定：被告侵犯了死者的人格权，应当公开赔礼道歉，并且赔偿原告精神损失费。

 **关联法条**

《中华人民共和国民法典》

第九百九十四条　死者的姓名、肖像、名誉、荣誉、隐私、遗体等受到侵害的，其配偶、子女、父母有权依法请求行为人承担民事责任；死者没有配偶、子女且父母已经死亡的，其他近亲属有权依法请求行为人承担民事责任。

第一千零二十四条　民事主体享有名誉权。任何组织或者个人不得以侮辱、诽谤等方式侵害他人的名誉权。

名誉是对民事主体的品德、声望、才能、信用等的社会评价。

《最高人民法院关于确定民事侵权精神损害赔偿责任若干问题的解释》

第三条 自然人死亡后，其近亲属因下列侵权行为遭受精神痛苦，向人民法院起诉请求赔偿精神损害的，人民法院应当依法予以受理：

（一）以侮辱、诽谤、贬损、丑化或者违反社会公共利益、社会公德的其他方式，侵害死者姓名、肖像、名誉、荣誉；

（二）非法披露、利用死者隐私，或者以违反社会公共利益、社会公德的其他方式侵害死者隐私；

（三）非法利用、损害遗体、遗骨，或者以违反社会公共利益、社会公德的其他方式侵害遗体、遗骨。

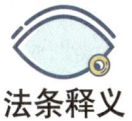

法条释义

以上条文是《民法典》《最高人民法院关于确定民事侵权精神损害赔偿责任若干问题的解释》关于侵害死者名誉权的相关规定。

名誉是对民事主体的品德、声望、才能、信用等的社会评价。名誉侵权，是指文学作品、通告文字、行为语言或其他形式对当事人产生了名誉上的消极影响所构成的一种违背人权的行为。

侵犯他人名誉权，应当根据受害人确有名誉被损害的事实、行为人行为违法、违法行为与损害后果之间有因果关系、行为人主观上有过错来认定，需要承担以下责任：①恢复名誉、消除影响、赔礼道歉，既可书面进行也可口头进行，但是内容必须事先经过法院的审查与确认；②恢复名誉、消除影响的范围，与侵权所造成不良影响的范围相当；③经济和精神损害赔偿，由当事人调解或法院判决；④不执行判决为对方恢复名誉、消除影响的，法院可将判决内容公告、登报，并可按拒不执行裁判论处。

需要注意的是，新闻机构对生产者、经营者、销售者的产品和服务质量进行批评、评论，要客观看待：如果内容基本属实，没有侮辱内容的，不应认定为名誉侵权；但是主要内容失实，损害他人名誉的，应认定为名誉侵权。

《民法典》第一千零二十五条规定，行为人为公共利益实施新闻报道、舆论监督等行为，影响他人名誉的，不承担民事责任，但是有下列情形之一的除外：

（一）捏造、歪曲事实；

（二）对他人提供的严重失实内容未尽到合理核实义务；

（三）使用侮辱性言辞等贬损他人名誉。

自然人死亡后，其近亲属因侵权行为遭受精神痛苦，向人民法院起诉请求赔偿精神损害的，人民法院应当依法予以受理。

侵犯他人名誉权，将要承担什么责任？

生活小案例

钱某对王女士一见钟情，随即对其展开热切追求，但是被拒绝了。钱某一直没有放弃，他相信终有一天，王女士会答应他的。但是后来，王女士结婚了。钱某很受打击，便产生了恶意报复心理。

王女士是一名园林设计师，当地很多公园、绿化都是她设计的，钱某便在网络上借着园林话题制造舆论，发帖中伤王女士，造谣王女士受贿、吃回扣，等等。言辞激烈，具有明显诱导性，严重侵犯了王女士的个人名誉。钱某的行为将会承担怎样的责任呢？

 **案例分析**

本案的焦点在于造谣诽谤的责任问题。在本案中，钱某由于爱而不得，所以产生报复心理。钱某在网络上制造舆论，在王女士的工作上大做文章，造谣诽谤王女士，引导煽动大众的情绪。他的这种行为，已经严重侵害了王女士的名誉权。

行为人可以为公共利益实施新闻报道、舆论监督等行为，影响他人名誉的，不承担民事责任。但是，不得捏造、歪曲事实；不得使用侮辱性言辞等贬损他人名誉，对于报道内容要核实。

而在本案中，钱某看似在揭发园林"黑幕"，实际在泄私愤，发表的文章都是自己杜撰的，目的是搅扰王女士的生活，给王女士故意抹黑。所以，钱某的行为侵犯了王女士的名誉权。此外，还要注意，发表不实信息，情节严重可以构成诽谤。根据《刑法》第二百四十六条规定，以暴力或者其他方法公然侮辱他人或者捏造事实诽谤他人，情节严重的，处三年以下有期徒刑、拘役、管制或者剥夺政治权利。

 **关联法条**

《中华人民共和国民法典》

第一千零二十五条 行为人为公共利益实施新闻报道、舆论监督等行为，影响他人名誉的，不承担民事责任，但是有下列情形之一的除外：

（一）捏造、歪曲事实；

（二）对他人提供的严重失实内容未尽到合理核实义务；

（三）使用侮辱性言辞等贬损他人名誉。

第一千零二十六条 认定行为人是否尽到前条第二项规定的合理核实义务，应当考虑下列因素：

（一）内容来源的可信度；

（二）对明显可能引发争议的内容是否进行了必要的调查；

（三）内容的时限性；

（四）内容与公序良俗的关联性；

（五）受害人名誉受贬损的可能性；

（六）核实能力和核实成本。

第一千零二十八条 民事主体有证据证明报刊、网络等媒体报道的内容失实，侵害其名誉权的，有权请求该媒体及时采取更正或者删除等必要措施。

《中华人民共和国刑法》

第二百四十六条 以暴力或者其他方法公然侮辱他人或者捏造事实诽谤他人，情节严重的，处三年以下有期徒刑、拘役、管制或者剥夺政治权利。

前款罪，告诉的才处理，但是严重危害社会秩序和国家利益的除外。

法条释义

以上条文是《民法典》《刑法》中关于行为人侵害他人名誉权的相关规定。

在实践中，侵害名誉权的行为主要表现为侮辱、诽谤行为。侮辱行为是指公然以暴力、谩骂等方式公开贬损他人名誉的行为，包括以行为、语言和文字图形方式侮辱他人。诽谤行为是指以散布捏造或者扭曲事实故意损害他人名誉的行为，表现形式是口头诽谤和文字诽谤。

在名誉侵权的认定方面要注意一点，构成侵害名誉权的主要要件是受害人的社会评价是否降低。如果行为人虽然发布了一些关于受害人的不实言论，但是受害人的社会评价并没有降低，那么就不存在名誉权受到损害的问题。而且,这个社会评价是以社会一般人的评价为标准进行判断,而不是以受害人自己的主观感受为标准。

对于造谣诽谤,情节严重的会触犯《刑法》。具有下列情形之一的,应当认定为《刑法》规定的"捏造事实诽谤他人":①捏造损害他人名誉的事实,在信息网络上散布,或者组织、指使人员在信息网络上散布的;②将信息网络上涉及他人的原始信息内容篡改为损害他人名誉的事实,在信息网络上散布,或者组织、指使人员在信息网络上散布的;③明知是捏造的损害他人名誉的事实,在信息网络上散布,情节恶劣的,以"捏造事实诽谤他人"论。

利用信息网络实施诽谤行为的入罪标准,即"情节严重"的认定问题:①同一诽谤信息实际被点击、浏览次数超过五千次,或者被转发次数超过五百次的;②造成被害人或者其近亲属精神失常、自残、自杀等严重后果的;③两年内曾因诽谤受过行政处罚,又诽谤他人的;④其他情节严重的情形。

基于原型创作的文学形象,侵犯原型名誉权吗?

生活小案例

网文作者小甲发表长篇小说,里面塑造了一位性格泼辣的中年妇女,人物角色生动逼真。读者评论这是小说中塑造得最好的形象,小甲也称这个人物有"原型",才如此成功。

小甲的表姑看到这部小说的时候,总觉得自己就是小甲口中的"原型",而且小说中的很多故事情节和自己周围发生的事件相似,认为小甲故意诋毁自己的形象,侵犯了自己的名誉权,将小甲告上法庭。那么,小甲是否侵犯了其表姑的名誉权呢?

案例分析

本案的焦点在于文学形象是否侵犯了"原型"的名誉权和侵犯名誉权的责任问题。《民法典》中规定：行为人发表的文学、艺术作品不以特定人为描述对象，仅其中的情节与该特定人的情况相似的，不承担民事责任。

在本案中，小甲称自己塑造的中年妇女确实有"原型"存在，小甲表姑发现小说中的很多故事情节与自己周围发生的事件相似，有理由怀疑这个人物就是小甲以自己为原型，并且对自己的形象进行诋毁和侮辱，侵犯了自己的名誉权。

法院要将小甲塑造的文学形象与其表姑进行对比。如果小说没有以表姑为特定的描述对象，而仅仅是采用表姑周围发生的一些事情情节为原型进行的改编与创作，造成情况有些相似，那么小甲不承担民事责任。如果小甲是刻意将表姑身边的事情写成小说，并将表姑的形象进行恶意丑化，那么小甲将承担法律责任。

关联法条

《中华人民共和国民法典》

第一千零二十七条 行为人发表的文学、艺术作品以真人真事或者特定人为描述对象，含有侮辱、诽谤内容，侵害他人名誉权的，受害人有权依法请求该行为人承担民事责任。

行为人发表的文学、艺术作品不以特定人为描述对象，仅其中的情节与该特定人的情况相似的，不承担民事责任。

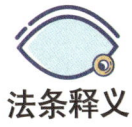
法条释义

　　以上条文是《民法典》中关于文学形象侵犯"原型"名誉权的相关规定。

　　本条规定了文学作品侵害名誉权的认定标准,将文学作品划分为以特定人物为描述对象和不以特定人物为描述对象两种,区分是否应当承担法律责任。

　　《民法典》第九百九十八条规定:认定行为人承担侵害除生命权、身体权和健康权外的人格权的民事责任,应当考虑行为人和受害人的职业、影响范围、过错程度,以及行为的目的、方式、后果等因素。也就是说,是否侵害了他人名誉权还要根据行为人和受害人的职业、影响范围、过错程度、行为的目的、方式、后果等因素综合考虑从而认定,而不是行为人或者受害人的主观认为来作出判断。

> 法院要将小甲塑造的文学形象与其表姑进行对比。

丢失他人奖杯，属于侵犯荣誉权吗？

> 学校将我的奖杯弄丢了，侵害了我的荣誉权。

生活小案例

魏某是一名在校大学生，曾代表学校在一场国际比赛中获得冠军，心里十分高兴。暑假前，学校跟魏某商量，想将他的奖杯借走展览，魏某爽快地答应了。

暑假结束回校后，魏某发现学校工作人员在展览的时候把自己的奖杯弄丢了，这使他非常难过。魏某多次催促学校帮忙寻找，可是一直没有结果。魏某认为学校的做法侵害了自己的荣誉权。他的想法对吗？

案例分析

荣誉权是指公民、法人所享有的，因为自己的突出贡献或者特殊劳动成果而获得的光荣称号或其他荣誉的权利。荣誉只能依据一定的程序而取消，不得诋毁、贬损或者以非法的方式剥夺他人荣誉和荣誉称号。

荣誉侵权必须表现为主观故意。根据本案事实来看，学校弄丢了魏某的奖杯是不慎遗失，虽然在工作中有疏漏，但不是故意为之。而且，学校工作人员遗失的是具有纪念意义的实物，魏某的荣誉并没有因为奖杯的遗失而被剥夺，所以学校不构成对魏某荣誉权的侵害。

《中华人民共和国民法典》

第一千零三十一条 民事主体享有荣誉权。任何组织或者个人不得非法剥夺他人的荣誉称号，不得诋毁、贬损他人的荣誉。

获得的荣誉称号应当记载而没有记载的，民事主体可以请求记载；获得的荣誉称号记载错误的，民事主体可以请求更正。

以上条文是《民法典》中关于荣誉权的相关规定。

公民、法人或其他组织的荣誉权受到侵害时，有权要求对方停止侵害，并恢复名誉，消除影响，赔礼道歉。公民的荣誉权受到侵害可以主张精神损害赔偿，法人或者组织不能主张精神损害赔偿。侵害荣誉权的行为包括以下四点：

（1）非法剥夺他人荣誉。这是最为常见的侵害荣誉权的行为，这一行为的主体一般为荣誉的授予组织。

荣誉授予组织在没有合法理由或者没有经过法定程序的情况下剥夺他人已获得的荣誉，是侵害他人荣誉权的行为。不过，荣誉在一定条件下是可以被剥夺的。相应地剥夺荣誉称号也必须履行一定的合法手续，例如由原授予荣誉称号的机关经过重新调查和审查，如发现已授予的荣誉称号确实有误，而履行必要手续取消荣誉称号等；或者由司法机关通过司法程序取消。

（2）非法侵占他人荣誉。指行为人以非法的手段，窃取、强占、冒领他人荣誉的行为。

（3）严重诋毁他人所获得的荣誉。主要的行为方式包括对他人获得的荣誉心怀不满，向授予组织诬告、诋毁荣誉权人，或者公开发表言论诋毁他人荣誉名不符实等行为。

（4）荣誉权人应得的物质利益受到损害。如少发奖金、故意损毁荣誉权人的奖杯、奖品、奖章等实物的行为。如果是由于过失损毁他人的奖杯、奖章等物，一般会以侵害他人财产行为论处。

荣誉称号是荣誉权的重要体现形式，如果记载错误，尤其是将相对高的荣誉记载成相对低的荣誉，那么将对荣誉权人的荣誉造成贬损，属于损害荣誉权。因此，相关单位有义务准确记载荣誉称号，更有义务将错误的称号改正过来。

魏某的荣誉并没有因为奖杯的遗失而被剥夺，所以学校不构成对魏某荣誉权的侵害。

粉丝用无人机偷拍明星私宅，是否侵害明星的隐私权？

生活小案例

杨某是最近风头正盛的当红明星。某日，网络上爆出一组照片，是杨某在家与某男子用餐景象及其卧室的景象若干，对杨某造成了一定影响。随后杨某的经纪公司发表声明：该举动严重侵犯了杨某的个人隐私，对偷拍者以及恶意传播的侵权行为保留追究其法律责任的权利。后经查实，这组照片是杨某的一个狂热粉丝用无人机拍摄的，该粉丝已经多次拍摄杨某的私生活。该粉丝的偷拍行为是否侵害了杨某的隐私权？

案例分析

本案主要涉及侵害隐私权问题。依托于现代互联网技术的发展，智能手机越来越普及，无人机的使用逐渐广泛，拍照并上传到网络变得更为方便。

本案中，粉丝使用无人机偷拍杨某的住宅和杨某与某男子用餐的照片，并上传到网络。根据《民法典》的规定，自然人享有隐私权，任何组织或者个人不得以刺探、侵扰、泄露、公开等方式侵害他人的隐私权。除法律另有规定或者权利人明确同意外，任何组织或者个人不得进入、拍摄、窥视他人的住宅、宾馆房间等私密空间。

所以，本案中粉丝偷拍并在网络公布杨某相关私密照片的行为侵害了杨某的隐私权。对此，杨某可以请求侵权人和相关网站消除影响、恢复名誉、赔礼道歉，因此遭受损害的，可以请求侵权损害赔偿。

关联法条

《中华人民共和国民法典》

第一千零三十二条 自然人享有隐私权。任何组织或者个人不得以刺探、侵扰、泄露、公开等方式侵害他人的隐私权。

隐私是自然人的私人生活安宁和不愿为他人知晓的私密空间、私密活动、私密信息。

第一千零三十三条 除法律另有规定或者权利人明确同意外，任何组织或者个人不得实施下列行为：

（一）以电话、短信、即时通讯工具、电子邮件、传单等方式侵扰他人的私人生活安宁；

（二）进入、拍摄、窥视他人的住宅、宾馆房间等私密空间；

（三）拍摄、窥视、窃听、公开他人的私密活动；

（四）拍摄、窥视他人身体的私密部位；
（五）处理他人的私密信息；
（六）以其他方式侵害他人的隐私权。

法条释义

以上条文是《民法典》关于隐私权和侵害隐私权行为的规定。

隐私权是指以隐私利益为客体的人格权，因此隐私就是隐私权保护的内容。隐私是自然人的私人生活安宁和不愿为他人知晓的私密空间、私密活动、私密信息。

其中，私人信息包括所有的个人情况、资料，诸如身高、体重、病历、身体缺陷、健康状况、生活经历、财产状况等；私人活动是一切个人的、与公共利益无关的活动，如日常生活，只要不违反法律和社会公共利益，就是应受到保护的信息；私人空间是指个人的隐秘范围，如身体的隐私部位、个人居所、旅客的行李、学生的书包等，均为个人领域。需要注意的是，在公共场合也存在隐私空间，比如个人正在使用的公厕、试衣间、浴室等。

隐私权是自然人所享有的一项重要的人格权，除法律另有规定或者权利人明确同意外，任何组织或者个人不得以刺探、侵扰、泄露、公开等方式侵害他人的隐私权。

认定隐私侵权行为需要满足四个条件：

（1）有侵害隐私的违法行为。如拍摄、窥视他人身体、处理他人的私密信息等。

（2）有损害事实。隐私受到侵害一般表现为信息被刺探、监视、侵入、公布、干预等。只要隐私被损害的事实存在，就成立隐私权被损害的事实。

（3）有因果关系。侵害行为和损害事实之间需要有引起与被引起的关系。

（4）行为人存在过错。只有行为人主观上存在过错，才能成立侵权，即预见到会有损害后果的发生但是积极追求或者放任其发生。

虽然实践中也存在过失侵权的情形，但是不常见。对隐私权的保护并非毫无限制。隐私权的保护范围受公共利益的限制，当隐私权与公共利益发生冲突时，应当依公共利益的要求进行调整。所以，隐私权所保护的范围，需排除与公共利益有关的个人情报、资料。

APP 泄露个人信息怎么维权？

APP 在我不知情的情况下收集我的信息并加以利用，是一种侵权行为。

生活小案例

邢某喜欢用一款 APP 记录自己的生活，后来她发现，该 APP 会向她推荐"可能认识的人"，而好友名单是从自己另外一个社交软件上摄取的。而且，该 APP 显示了她的电话号码、位置、社交关系以及相关身份信息。

邢某认为，该 APP 在自己不知情的情况下收集自己的信息并加以利用，是一种侵权行为。邢某可以寻求法律帮助，维护自己的权益吗？

# 案例分析

本案主要涉及网络平台泄露个人信息的问题。邢某认为，姓名、手机号码、社交关系、地理位置、手机通讯录均具有强烈的人身属性，而该APP在她不知情的情况下，非法获取、知悉、保存和利用涉案信息，构成对自己的侵害。

《中华人民共和国网络安全法》（以下简称《网络安全法》）规定：网络运营者收集、使用个人信息，应当遵循合法、正当、必要的原则，公开收集、使用规则，明示收集、使用信息的目的、方式和范围，并经被收集者同意。《民法典》中指出，自然人的姓名、出生日期、身份证件号码、生物识别信息、住址、电话号码、电子邮箱、健康信息、行踪信息等均属于个人信息。

也就是说，如果该APP在没有得到用户授权的情况下，非法窥探和使用用户的隐私和个人信息，导致用户的生活和社交等方面受到干扰和破坏，邢某有权利请求其停止侵害，该APP应当依法承担责任。

 **关联法条**

《中华人民共和国民法典》

第一千零三十四条 自然人的个人信息受法律保护。

个人信息是以电子或者其他方式记录的能够单独或者与其他信息结合识别特定自然人的各种信息，包括自然人的姓名、出生日期、身份证件号码、生物识别信息、住址、电话号码、电子邮箱、健康信息、行踪信息等。

个人信息中的私密信息，适用有关隐私权的规定；没有规定的，适用有关个人信息保护的规定。

第一千零三十五条 处理个人信息的，应当遵循合法、正当、必要原则，不得过度处理，并符合下列条件：

（一）征得该自然人或者其监护人同意，但是法律、

行政法规另有规定的除外；

（二）公开处理信息的规则；

（三）明示处理信息的目的、方式和范围；

（四）不违反法律、行政法规的规定和双方的约定。

个人信息的处理包括个人信息的收集、存储、使用、加工、传输、提供、公开等。

《中华人民共和国网络安全法》

第四十条 网络运营者应当对其收集的用户信息严格保密，并建立健全用户信息保护制度。

第四十一条 网络运营者收集、使用个人信息，应当遵循合法、正当、必要的原则，公开收集、使用规则，明示收集、使用信息的目的、方式和范围，并经被收集者同意。

网络运营者不得收集与其提供的服务无关的个人信息，不得违反法律、行政法规的规定和双方的约定收集、使用个人信息，并应当依照法律、行政法规的规定和与用户的约定，处理其保存的个人信息。

第四十二条 网络运营者不得泄露、篡改、毁损其收集的个人信息；未经被收集者同意，不得向他人提供个人信息。但是，经过处理无法识别特定个人且不能复原的除外。

网络运营者应当采取技术措施和其他必要措施，确保其收集的个人信息安全，防止信息泄露、毁损、丢失。在发生或者可能发生个人信息泄露、毁损、丢失的情况时，应当立即采取补救措施，按照规定及时告知用户并向有关主管部门报告。

法条释义

以上条文是《民法典》《网络安全法》关于网络平台泄露用户个人信息的规定。

个人信息包括自然人的姓名、出生日期、身份证件号码、生物识别信息、住址、电话号码、电子邮箱、健康信息、行踪信息等。要明确一点：个人信息的基本作用是识别特定自然人的人格特征，所以，个人信息的基本属性是个人身份信息，而不是个人私密信息。

确定个人信息要有两个条件：一是可识别性，也就是可以通过该信息识别到特定的自然人；二是有一定的载体，即以电子或者其他方式记录。如果信息过多，在经过组合之后可以识别到特定自然人，那么这种信息组合也属于个人信息。

个人信息中的私密信息，适用有关隐私权的规定。个人信息与隐私信息有交叉之处，对于隐私信息应该更加周全、紧密地保护。对于隐私信息，网络运营者有义务参照敏感个人信息的保护强度，在获取同意的方式、安全保障措施和后期利用等方面设置更强的保护。

我国出台了针对网络的《网络安全法》，规范网络平台要建立起严格有效的不良信息甄别防范机制，确保平台的合法合规性。对于违法平台进行罚款、暂停相关业务、停业整顿、关闭网站以及吊销执照等责任惩处。

侵权责任编：
侵害他人民事权益的责任承担

体育比赛中被撞身亡，责任由谁来承担？

> 跑步比赛中我们碰撞在一起，他摔倒了。

生活小案例

小王今年25岁，自愿报名参加本市举办的短跑比赛。比赛过程中小王因躲闪不及被队员小李撞倒，随行医护人员进行紧急抢救，最终小王因头部遭到严重撞击不幸去世，小李则受了轻微伤。对于小王的死亡，小李需要承担责任吗？

案例分析

本案涉及自甘风险问题。根据《民法典》的规定,自愿参加具有一定风险的文体活动时,因其他参加者的行为受到损害的,不能要求其他参加者承担责任。

在本案中,25岁的小王具备完全民事行为能力,自愿报名参加比赛,应该认识到这是一项存在风险的体育活动,在比赛过程中避免不了一定程度的碰撞和摩擦,甚至造成伤害。在比赛过程中,小王因躲闪不及造成死亡,对此,小李不存在故意或重大过失。

综上可见,小王参加比赛并造成自身伤亡,属于自甘风险。根据《民法典》的规定,对于小王的死亡,小李不需要承担责任。

关联法条

《中华人民共和国民法典》

第一千一百七十六条 自愿参加具有一定风险的文体活动,因其他参加者的行为受到损害的,受害人不得请求其他参加者承担侵权责任;但是,其他参加者对损害的发生有故意或者重大过失的除外。

活动组织者的责任适用本法第一千一百九十八条至一千二百零一条的规定。

法条释义

本条是《民法典》对自甘风险的规定。

自甘风险,是指受害人明知参加的文体活动具有使自己遭受损害的固有风险,仍自愿参加,并因该风险实现而遭受损害。自甘风险的构成要件如下:①文体活动本身具有一定的风险成分;②受害人已经意识到了这种危险的存在,仍自愿参加;③受害人在参加活动过程中因其他参加者行为受到损害；④活动组织者和侵权人没有故意或者过失。

本条第二款是关于活动组织者的责任的规定。活动组织者的责任，是指这类危险活动的组织者，如果存在故意或者重大过失导致参加者受到损害的，那么他们就违反了安全保障义务，就应该承担相应的责任；或者学校组织未成年人参加活动，造成未成年人人身伤害的也需要承担责任。具体分为两种情况：①由于活动组织者的故意或者重大过失，造成受害人损害的，活动组织者应当承担侵权责任。②由于活动组织者的故意或者重大过失，导致受害人因第三人的行为造成损害的，组织者承担相应的补偿责任，之后可向造成损害的第三人追偿。

属于自甘风险的情况还有很多，如篮球比赛、搏击比赛、击剑比赛等。我们在参加具有一定风险的文体活动时，一定要保护好自己的人身安全，做好充足的准备，参加正规举办方举办的文体活动，尽量规避风险伤害。

租户常年不交房租，房东可以扣留租户的财物吗？

生活小案例

刘女士有一套房子常年出租，近年来把房子租给小王，按月收取租金。刘女士出于信任未留小王身份证复印件。第一年还好，房租小王按月缴纳。从第二年开始，小王以各种理由拖欠房租。一天刘女士去找小王，才发现小王已经搬走了。这时刘女士看到桌子上有一台笔记本电脑，原来小王搬走的时候太匆忙，把自己的电脑忘在了桌子上。刘女士情急之下就扣留了小王的电脑，然后马上打电话报警。刘女士扣留小王电脑的行为合法吗？

 **案例分析**

本案涉及自助行为。根据《民法典》的规定,当合法权益受到侵害时,如果不立即采取措施将使其合法权益受到难以弥补的损害的,受害人可以在保护自己合法权益的必要范围内采取扣留侵权人的财物等合理措施。

本案中,刘女士此刻如果不扣留小王的电脑,以后就很难挽回自己的损失。小王已经搬走,情况比较紧急;房租已经远远超过这台笔记本电脑的价值,属于必要的范围内;在扣留电脑以后,刘女士立刻报警。

综上可见,刘女士的行为符合自助行为的构成要件,属于维护自己权益的合法行为。但是,如果因刘女士的保管不当导致电脑损坏,小王在支付全部房租以后,有权请求刘女士予以赔偿。

 **关联法条**

《中华人民共和国民法典》

第一千一百七十七条 合法权益受到侵害,情况紧迫且不能及时获得国家机关保护,不立即采取措施将使其合法权益受到难以弥补的损害的,受害人可以在保护自己合法权益的必要范围内采取扣留侵权人的财物等合理措施;但是,应当立即请求有关国家机关处理。

受害人采取的措施不当造成他人损害的,应当承担侵权责任。

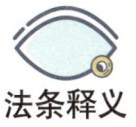

法条释义

本条是《民法典》对自助行为的规定。

自助行为是指权利被侵害的人，依靠自己的力量来保全自己的权利或恢复原状的行为。自助行为的构成要件如下：①行为人的合法权益受到了侵害；②情况十分紧急，不能立即请求国家机关进行保护；③如果不立即采取一些措施，损失将没有办法弥补；④采取的行为一定要在合理的范围内。

需要注意的是，行为人在采取自助措施后应立即请求国家机关依法处理。行为人的权益得到了保障以后，应立即解除这些自助措施。如果因行为人采取的措施不当造成他人损害的，应当进行赔偿。

自助行为是《民法典》赋予权利人维护合法权利的一种手段，权利人必须依法行使该权利。在生活中，自助行为还有很多，如高铁上自己行李被他人拿错，然后将他人行李暂时扣留；如不让吃"霸王餐"的顾客离开，等等。

丈夫被撞身亡后，妻子可以要求肇事者进行人身损害赔偿吗？

生活小案例

小孙今年30岁，去年刚和爱人小张领证结婚。几天前小孙在下夜班回家的路上，被迎面驶来的汽车撞倒，送到医院后抢救无效死亡。后经调查，肇事司机负事故全部责任。在医院抢救过程中共花费医疗费用2万元，肇事司机已经主动支付；丧葬费用3万元，由小张自己支付。小张可以请求肇事司机承担人身损害赔偿吗？

案例分析

本案涉及被侵权人死亡时请求权主体确定，以及人身损害赔偿范围的问题。根据《民法典》的规定，被侵权人死亡的，其近亲属有权请求侵权人承担侵权责任，其中近亲属包括配偶、子女、父母。

本案中，小孙的妻子小张可以请求侵权人，也就是肇事司机承担侵权责任，进行一定数额的民事赔偿。赔偿范围包括医疗费、丧葬费和死亡赔偿金等。

本案中，医疗费用2万元，侵权人已经全部承担，这一部分不能再次请求支付；3万元的丧葬费用和死亡赔偿金未支付，可以请求侵权人进行赔偿。

关联法条

《中华人民共和国民法典》

第一千一百七十九条 侵害他人造成人身损害的，应当赔偿医疗费、护理费、交通费、营养费、住院伙食补助费等为治疗和康复支出的合理费用，以及因误工减少的收入。造成残疾的，还应当赔偿辅助器具费和残疾赔偿金；造成死亡的，还应当赔偿丧葬费和死亡赔偿金。

第一千一百八十一条 被侵权人死亡的，其近亲属有权请求侵权人承担侵权责任。被侵权人为组织，该组织分立、合并的，承继权利的组织有权请求侵权人承担侵权责任。

被侵权人死亡的，支付被侵权人医疗费、丧葬费等合理费用的人有权请求侵权人赔偿费用，但是侵权人已经支付该费用的除外。

法条释义

以上条文是《民法典》对人身损害赔偿范围和被侵权人死亡时请求权主体确定的规定。

人身损害赔偿，是指民事主体的生命权、健康权、身体权受到不法侵害，造成伤残或者死亡的后果，要求侵权人以财产赔偿等方法进行救济和保护的侵权法律制度。人身损害赔偿的规定是对生命权、健康权、身体权的保护。在损害赔偿范围方面，如果侵权人给被侵权人造成了人身伤害，如脑外伤、骨折、脾破裂等，应当赔偿医疗费、护理费、交通费、营养费、住院伙食补助费等为治疗和康复支出的合理费用以及因误工减少的收入；如果经残疾鉴定，被侵权人已经被认定为残疾，还应赔偿辅助器具费和残疾赔偿金；如果造成被侵权人死亡，还应赔偿丧葬费和死亡赔偿金。其中，残疾赔偿金根据受害人丧失劳动能力程度或者伤残等级，按照受诉法院所在地上一年度城镇居民人均可支配收入或者农村居民人均纯收入标准，自定残之日起按二十年计算。六十周岁以上的，年龄每增加一岁减少一年；七十五周岁以上的，按五年计算。死亡赔偿金按照受诉法院所在地上一年度城镇居民人均可支配收入或者农村居民人均纯收入标准，按二十年计算。因同一侵权行为造成多人死亡的，可以以相同数额确定死亡赔偿金。

父亲骨灰被扬撒,儿子可以主张精神损害赔偿吗?

生活小案例

小李和父亲老李二人相依为命。老李去世后,小李一直把父亲的骨灰带在身边,因为他觉得这样父亲会一直陪着他。

一天,邻居小张因为琐事和小李发生争吵。一言不合,小张就开始砸东西,甚至明知是小李父亲的骨灰,也没有放过,将老李的骨灰撒得满地都是,小李很伤心。对于小张的行为,小李可以主张精神损害赔偿吗?

 **案例分析**

本案涉及侵害自然人具有人身意义的特定物能否请求精神损害赔偿的问题。

本案中，侵权人小张打砸受害人小李的财物，侵害了小李的财产权。对此，受害人小李有权对侵权人小张请求损害赔偿，但不得请求精神损害赔偿。

在打砸的物品中，"骨灰"承载着小李对父亲的思念等情感，属于具有人身意义的特定物，而小张将老李的骨灰撒得满地都是，也对小李造成了严重的精神损害。

根据《民法典》的规定，因故意或者重大过失侵害自然人具有人身意义的特定物造成严重精神损害的，被侵权人有权请求精神损害赔偿。因此，对于小张扬撒小李父亲骨灰的侵权行为，小李可以主张精神损害赔偿。

 **关联法条**

《中华人民共和国民法典》

第一千一百八十三条　侵害自然人人身权益造成严重精神损害的，被侵权人有权请求精神损害赔偿。

因故意或者重大过失侵害自然人具有人身意义的特定物造成严重精神损害的，被侵权人有权请求精神损害赔偿。

 **法条释义**

本条是《民法典》对精神损害赔偿责任的规定。

精神损害赔偿，是指侵权人因侵犯自然人合法权益致使其受到精神上的痛苦所应承担的民事责任。依据《民法典》的规定，以下两种情形可以请求精神损害赔偿：

（1）侵害自然人人身权益造成严重精神损害的。人身权益包括生命权、身体权、健康权、姓名权、肖像权、名誉权、隐私权、个人信息权、配偶权、亲权、亲属权以及自然人的人身利益。

（2）因故意或者重大过失侵害自然人具有人身意义的特定物造成严重精神损害的。所谓具有人身意义的特定物，是指包含人身利益因素的特定的物，如没有底片珍藏了数十年的结婚照、祖传物品、定情信物等。

精神病人打伤他人，责任由谁承担？

生活小案例

因父母疏于看管，精神病人小张（25周岁，未婚）将王某6岁的儿子打伤。对于王某儿子受到的损害，谁应该承担责任？

案例分析

本案涉及被监护人侵权，由监护人承担侵权责任的问题。本案中，25周岁的小张是精神病人，属于无民事行为能力人，因其未结婚，所以应由其父母作为其监护人。父母看管不善，导致小张将王某的儿子打伤。

对此，根据《民法典》的规定，无民事行为能力人造成他人损害的，由监护人承担侵权责任。因此，王某儿子所受的损害应当由小张的父母承担侵权责任。

关联法条

《中华人民共和国民法典》

第一千一百八十八条 无民事行为能力人、限制民事行为能力人造成他人损害的，由监护人承担侵权责任。监护人尽到监护职责的，可以减轻其侵权责任。

有财产的无民事行为能力人、限制民事行为能力人造成他人损害的，从本人财产中支付赔偿费用；不足部分，由监护人赔偿。

法条释义

本条是《民法典》对监护责任的规定。

监护责任，是指监护人在被监护人致人损害时，依法应承担的民事责任。监护人承担监护责任的构成要件包括：①无民事行为能力人或者限制民事行为能力人存在违法行为；②监护人具有不作为的情形；③监护人有过失；④加害行为人的行为和损害事实的发生之间具有因果关系；⑤监护人的疏于监督和损害事实的发生具有因果关系。

无民事行为能力人、限制民事行为能力人造成他人损害的，由监护人承担侵权责任。如果监护人尽到了监护职责，可以适当减轻责任。如果无民事行为能力人和限制民事行为能力人有自己的财产，应用他们的财产来进行赔偿，不足以赔偿的，由监护人进行补充。假如本案中的精神病人小张在精神正常的时候有工作，在银行有 5 万元的存款，就可以用这 5 万元来承担责任，如支付医疗费、护理费、营养费等。如果这 5 万元不足以赔偿，剩下的部分由小张的监护人来承担。同时，未成年人也可能因为接受赠与等原因而获得财产，从未成年加害人的财产中支付赔偿费用的，不得对未成年人的生活和教育产生严重不利影响。

邻居帮忙看管孩子期间，孩子打伤他人，谁来承担责任？

受托人也有责任。

生活小案例

王姐进城里卖菜，5岁的儿子二娃无人看管，于是委托邻居张婶帮忙看管二娃，张婶满口答应。等王姐走后张婶回了自己家，让二娃自己到街上玩。二娃在街上玩耍的时候遇到了4岁的翠花，翠花手中拿着新买的玩具，二娃很想玩，可是翠花不借，在抢夺过程中二娃将翠花推倒，导致翠花身体多处受伤。对于翠花的受伤，谁应该承担责任？

案例分析

本案涉及委托监护责任的承担问题。根据《民法典》的规定，父母是未成年子女的监护人，对未成年子女负有抚养、教育和保护的义务，应当履行监护职责；父母也可以将监护职责委托给他人。

本案中，王姐是二娃的监护人，因进城卖菜将二娃委托给邻居张婶帮忙看管，与张婶之间形成委托监护关系。张婶作为委托监护人，理应尽到监护人的职责。

但是，张婶自己回了家，让二娃自己到街上玩，进而导致二娃将翠花推倒，翠花身体多处受伤，这是其未尽到监护责任造成的，具有过错。因此，根据《民法典》的规定，王姐作为监护人应承担侵权责任；张婶作为受托人存在过错，也应承担相应的责任。

《中华人民共和国民法典》

第一千一百八十九条 无民事行为能力人、限制民事行为能力人造成他人损害，监护人将监护职责委托给他人的，监护人应当承担侵权责任；受托人有过错的，承担相应的责任。

本条是《民法典》对委托监护责任的规定。

委托监护，是指监护人将监护职责部分或全部委托给他人。委托监护责任，是指在委托监护中监护人和受托人需要承担的责任。委托监护责任的构成要件包括：

（1）存在委托监护的行为；

（2）行为人是在委托监护人的监护下；

（3）被监护人的行为造成了他人的损害；

（4）推定监护人存在过失，由监护人承担责任。

如果被侵权人证明委托监护人存在过失，委托监护人也需要承担责任。

监护人将无民事行为能力人和限制民事行为能力人委托他人进行监护，委托监护过程中造成他人损害的，责任由监护人承担；如果受托人存在过错，受托人也需要承担责任。

梦游期间打伤他人，需要承担责任吗？

生活小案例

小李一直有梦游的习惯，经常在睡梦中作出一些危险行为。在高中的时候小李就曾梦游拿着水果刀将同学砍伤。上大学以后小李隐瞒病情，在一次梦游中又用水果刀将下铺的室友砍伤。对于室友所受人身伤害，小李需要承担责任吗？

 **案例分析**

本案涉及丧失意识侵权的问题。小李梦游属于暂时没有意识或者失去控制，是一种病理现象。小李自己隐瞒病情，导致了意外的发生，存在过错。

根据《民法典》的规定，完全民事行为能力人对自己的行为暂时没有意识或者失去控制造成他人损害有过错的，应当承担侵权责任。

即使小李没有过错，也要对受害人进行一定的经济补偿，但是经济补偿要考虑到行为人的经济状况。本案中小李是一个在校大学生，自身没有什么经济来源，所以经济补偿可以少一些。如果案件是小李喝醉酒将室友砍伤，或者小李吸毒产生幻觉将室友砍伤，结果将存在差别。

根据《民法典》的规定，完全民事行为能力人因醉酒、滥用麻醉药品或者精神药品对自己的行为暂时没有意识或者失去控制造成他人损害的，应当承担侵权责任。不论其是否具有过错，只要是醉酒或者滥用精神药物（如吸毒）状态下将他人伤害，都要承担侵权责任。

 **关联法条**

《中华人民共和国民法典》

第一千一百九十条 完全民事行为能力人对自己的行为暂时没有意识或者失去控制造成他人损害有过错的，应当承担侵权责任；没有过错的，根据行为人的经济状况对受害人适当补偿。

完全民事行为能力人因醉酒、滥用麻醉药品或者精神药品对自己的行为暂时没有意识或者失去控制造成他人损害的，应当承担侵权责任。

法条释义

本条是《民法典》对暂时丧失意识损害责任的规定。

暂时丧失意识损害责任，是指完全民事行为能力人对于因过错引起暂时意识丧失，或者因醉酒、滥用麻醉药品或精神药品暂时丧失意识，造成他人损害，所应当承担的特殊侵权责任。暂时丧失意识损害责任的构成要件包括：①侵权人是完全民事行为能力人；②对被侵权人造成了实际损害；③造成损害时，侵权人丧失意识；④丧失意识是由侵权人自己造成的。

完全民事行为能力人丧失意识致人损害的，其责任应区分不同情形：①存在过错的，应当承担侵权责任；②没有过错的，应当对受害人适当补偿；③因醉酒、滥用麻醉药品或者精神药品（如毒品）对自己的行为暂时没有意识或者失去控制造成他人损害的，不论是否具有过错，都应该承担侵权责任。

保险理赔人员失误导致不能理赔，保险公司需要承担责任吗？

生活小案例

小刘是保险公司的工作人员，主要从事理赔工作。按照理赔规则，医疗险的理赔必须提供病例、诊断证明、住院证明以及收费清单等一系列理赔资料。

一天，客户小张将理赔材料原件交给了小刘，小刘忙着开会，把资料放到自己的工位上就去开会了。回来的时候小刘发现材料不见了，到处找都没找到。对于理赔材料的丢失，保险公司需要承担责任吗？

案例分析

本案涉及用人单位责任问题。根据《民法典》的规定，用人单位的工作人员因执行工作任务造成他人损害的，由用人单位承担侵权责任。用人单位承担侵权责任后，可以向有故意或者重大过失的工作人员追偿。

本案中，小刘为保险公司的正式员工，并且丢失发票的行为发生在工作时间，小刘属于在执行工作任务，因此造成他人的财产损害，应当由保险公司承担责任。而小刘将发票放到了自己的工位上，不存在故意和重大过失，故保险公司不能向小刘追偿。

关联法条

《中华人民共和国民法典》

第一千一百九十一条　用人单位的工作人员因执行工作任务造成他人损害的，由用人单位承担侵权责任。用人单位承担侵权责任后，可以向有故意或者重大过失的工作人员追偿。

劳务派遣期间，被派遣的工作人员因执行工作任务造成他人损害的，由接受劳务派遣的用工单位承担侵权责任；劳务派遣单位有过错的，承担相应的责任。

法条释义

本条是《民法典》对用人单位责任和劳务派遣单位、劳务用工单位责任的规定。

用人单位责任，是指用人单位的工作人员在工作过程中造成他人损害，由用人单位作为赔偿责任主体，为其工作人员致害的行为承担损害赔偿责任的特殊侵权责任。用人单位承担侵权责任，需要具备以下几个条件：①工作人员存在违法行为；②有损害事实的发生；③工作人员的行为和损害结果之间有因果关系；④用人单位存在过错，过错的内容主要是指用人单位在选任、监督、管理其工作人员上的过错。在存在劳动关系的情况下，劳动者在执行工作任务期间造成了他人损害的，由单位承担责任。如果工作人员存在故意或重大过失，单位可以向劳动者追偿。

　　劳务派遣是指由劳务派遣机构与派遣劳工订立劳动合同，把劳动者派向其他用工单位，再由该用工单位向派遣机构支付一笔服务费用的一种用工形式。在劳务派遣关系中，劳动者虽然和劳务派遣机构签订劳动合同，但是在用工单位实际工作，劳动者也实际在为用工单位进行劳动，在这种情况下，被派遣的工作人员因执行工作任务造成他人损害的，由接受劳务派遣的用工单位承担侵权责任。如果劳务派遣单位有过错，也应承担相应的责任。

网站泄露个人信息,网站有什么责任?

生活小案例

小胡在浏览 A 网站的时候无意中发现了自己的照片、身份证号码、联系方式、家庭住址等个人信息。小胡回忆很有可能是自己在网购的时候将这些信息泄露了。发生这种情况,小胡可以通知 A 网站删除相关信息吗?A 网站对此有没有责任?

案例分析

本案涉及网络侵权责任的问题。A网站对小胡个人信息的泄露，构成对小胡个人信息的侵犯，已经对小胡的生活造成了不良影响。根据《民法典》的规定，权利人（即小胡）有权通知网络服务提供者也就是A网站采取删除、屏蔽、断开链接等必要措施。小胡在通知A网站的同时，要提供初步证据及其真实身份信息，这样有助于A网站进行核实。

关联法条

《中华人民共和国民法典》

第一千一百九十五条 网络用户利用网络服务实施侵权行为的，权利人有权通知网络服务提供者采取删除、屏蔽、断开链接等必要措施。通知应当包括构成侵权的初步证据及权利人的真实身份信息。

网络服务提供者接到通知后，应当及时将该通知转送相关网络用户，并根据构成侵权的初步证据和服务类型采取必要措施；未及时采取必要措施的，对损害的扩大部分与该网络用户承担连带责任。

权利人因错误通知造成网络用户或者网络服务提供者损害的，应当承担侵权责任。法律另有规定的，依照其规定。

第一千一百九十六条 网络用户接到转送的通知后，可以向网络服务提供者提交不存在侵权行为的声明。声明应当包括不存在侵权行为的初步证据及网络用户的真实身份信息。

网络服务提供者接到声明后，应当将该声明转送发出通知的权利人，并告知其可以向有关部门投诉或者向人民法院提起诉讼。网络服务提供者在转送声明到达权利人后的合理期限内，未收到权利人已经投诉或者提起诉讼通知的，应当及时终止所采取的措施。

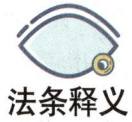

法条释义

　　以上条文是《民法典》对网络侵权责任"避风港原则"中的"通知规则"和"反通知规则"的规定。
　　"避风港原则"最先适用于著作权领域，由于网络上有大量的信息，网络服务提供者不能及时有效地进行全面的审查，因而通过设立"通知—移除"规则，为网络服务提供者规定一些免责情形，从而达到各方权益上的平衡，现已成为国际上通用的互联网版权纠纷处理原则。《民法典》在网络侵权案件中适用了"避风港原则"，并作出了比较详细的规定。网络侵权中的"避风港原则"分为"通知规则"和"反通知规则"两个方面。
　　"通知规则"，是指网络用户认为自己权益受到损害的，有权通知网络服务提供者，对网络用户在该网站上发布的信息采取删除、屏蔽、断开链接等必要措施，消除侵权信息及其影响。及时满足以上条件，应当认定网络服务提供者无过错，不成立共同侵权，网络服务提供者不承担责任。
　　"反通知规则"，是指网络服务提供者收到权利人的"侵权通知"后，网络用户向网络服务提供者提交了不存在侵权行为的"声明"（即"反通知"），经过合理期限以后，网络服务提供者终止所采取的删除、屏蔽、断开链接等措施。满足以上条件应当认定网络服务提供者无过错，不成立共同侵权，网络服务提供者不承担责任。"反通知规则"的具体内容包括：
①网络服务提供者收到权利人的"侵权通知"后，网络用户向网络服务提供者提交了不存在侵权行为的"声

明";②网络服务提供者将该声明"转送"给发出侵权通知的权利人;③在权利人收到声明后的合理期限内,网络服务提供者未收到权利人已经投诉或者提起诉讼的通知;④网络服务提供者终止所采取的删除、屏蔽、断开链接等措施;⑤即使事后的诉讼认定网络用户侵权,也应当认定网络服务提供者无过错,不成立共同侵权,网络服务提供者不承担责任。

影院地面湿滑造成人员受伤,影院需要承担责任吗?

生活小案例

小周在电影院观影期间去了一次洗手间,由于洗手间地面湿滑,保洁人员没有及时清理,也没有摆放警示标识,导致小周不慎摔伤。对于小周的受伤,电影院需要承担责任吗?

案例分析

本案涉及安全保障义务人的责任问题。根据《民法典》的规定，娱乐场所经营者、管理者如果没有尽到相应的义务，造成他人损害，需要承担责任。

本案中，影院方面没有尽到相应的义务：地面湿滑，没有及时清理，也没有放置警示标识，没有对顾客进行充分的提醒。正是因为电影院没有尽到相应的安全保障义务，才造成了小周不慎摔伤。因此，对于小周的摔伤，电影院需要承担侵权责任。

关联法条

《中华人民共和国民法典》

第一千一百九十八条 宾馆、商场、银行、车站、机场、体育场馆、娱乐场所等经营场所、公共场所的经营者、管理者或者群众性活动的组织者，未尽到安全保障义务，造成他人损害的，应当承担侵权责任。

因第三人的行为造成他人损害的，由第三人承担侵权责任；经营者、管理者或者组织者未尽到安全保障义务的，承担相应的补充责任。经营者、管理者或者组织者承担补充责任后，可以向第三人追偿。

法条释义

本条是《民法典》对安全保障义务人侵权责任的规定。

安全保障义务人侵权责任，是指经营者、管理者或者组织者对经营场所、公共场所、群众性活动场所未尽到安全保障义务，造成他人损害，应当承担的赔偿责任。

所谓群众性活动，是指法人或其他组织面向社会公众举办的活动，包括体育比赛、演唱会、音乐会、展览、游园、庙会、花会、焰火晚会等，以及人才招聘会、现场开奖的彩票销售等活动。每场次预计参加人数超过一千人的活动为大型群众性活动。所谓安全保障义务，是指经营者在经营场所对消费者、潜在的消费者或者其他进入服务场所的人的人身、财产安全依法承担的安全保障义务。违反安全保障义务的侵权责任主要存在四种情形：①设施、设备违反安全保障义务；②服务管理违反安全保障义务；③对儿童违反安全保障义务；④防范制止侵权行为违反安全保障义务。

　　不论是特定场所的经营者还是群众性活动的组织者，没有尽到安全保障义务，给他人造成损害的，都需要承担侵权责任。但是，如果是第三人的行为造成他人损害的，由第三人承担侵权责任；经营者或者活动组织者没有尽到安全保障义务的，应承担相应的补充责任，并且事后可以向第三人追偿。

未尽到安全保障义务，造成他人损害的，应当承担侵权责任。

学生在校被打伤，学校需要承担责任吗？

生活小案例

东东今年8岁，上小学二年级。东东多次在学校的洗手间被校外的社会青年小李（已满18周岁）欺负，小李向东东要钱，东东每次都会把零花钱给他。

在一次要钱的过程中，小李推搡东东，导致东东头撞到了窗台上，当场昏迷。经过一个月的治疗，东东康复出院。对于东东的受伤，应当由谁承担责任？

 **案例分析**

本案涉及校园伤害事故中第三人责任问题。根据《民法典》的规定，无民事行为能力人在幼儿园、学校或者其他教育机构学习、生活期间，受到幼儿园、学校或者其他教育机构以外的第三人人身损害的，由第三人承担侵权责任。

本案中，东东8岁，属于无民事行为能力人，伤害东东的为校外人员，东东是在学校学习和生活期间遭受伤害的。综上可见，对于东东的受伤，小李需要承担责任。而校外人员可以随意地进出校园，可见学校未尽到管理职责，因此学校也需要承担相应的补充责任。学校承担补充责任后，可以向小李追偿。

 **关联法条**

《中华人民共和国民法典》

第一千一百九十九条 无民事行为能力人在幼儿园、学校或者其他教育机构学习、生活期间受到人身损害的，幼儿园、学校或者其他教育机构应当承担侵权责任；但是，能够证明尽到教育、管理职责的，不承担侵权责任。

第一千二百条 限制民事行为能力人在学校或者其他教育机构学习、生活期间受到人身损害，学校或者其他教育机构未尽到教育、管理职责的，应当承担侵权责任。

第一千二百零一条 无民事行为能力人或者限制民事行为能力人在幼儿园、学校或者其他教育机构学习、生活期间，受到幼儿园、学校或者其他教育机构以外的第三人人身损害的，由第三人承担侵权责任；幼儿园、学校或者其他教育机构未尽到管理职责的，承担相应的补充责任。幼儿园、学校或者其他教育机构承担补充责任后，可以向第三人追偿。

法条释义

以上条文是《民法典》对教育机构责任和校园伤害事故中第三人责任的规定。

对于校园伤害事故，其责任的承担应区分不同情况：

（1）无民事行为能力人在教育机构受到人身损害的，教育机构应承担责任，但是可以证明自己尽到了教育和管理职责的，不需要承担责任。

（2）限制民事行为能力人在教育机构受到人身损害的，教育机构只有在没有尽到教育职责或管理职责的情况下，才需要承担责任。

（3）因为第三人的侵权行为导致生活在幼儿园、学校或者其他教育机构的无民事行为能力人或者限制民事行为能力人受到损害的，责任由第三人来承担。幼儿园、学校或者其他教育机构未尽到管理职责的，承担相应的补充责任。承担补充责任以后可以向第三人追偿。其中，第三人是指幼儿园、学校或者其他教育机构以外的人员，也就是幼儿园、学校或者其他教育机构的教师及其他工作人员以外的人员。

由第三人承担侵权责任，学校未尽到管理职责承担相应的补充责任。

手机突然爆炸殃及购买者,谁来承担责任?

生活小案例

小李网购了一部手机,使用还不到一个月,手机在一次充电过程中发生爆炸,导致小李受伤。事后查明,小李按照用户手册指导进行充电,使用原装充电设备,并且在充电过程中没有使用手机。对于小李的受伤,应该由谁承担责任?

案例分析

本案涉及产品责任问题。本案中,小李的使用操作是规范的,手机爆炸的原因是产品存在缺陷,最终导致小李受伤。

根据《民法典》的规定,因产品存在缺陷造成他人损害的,被侵权人可以向产品的生产者请求赔偿,也可以向产品的销售者请求赔偿。因此,小李既可以向手机的生产者请求赔偿,也可以向手机的网络经销商请求赔偿。

关联法条

《中华人民共和国民法典》

第一千二百零二条 因产品存在缺陷造成他人损害的,生产者应当承担侵权责任。

第一千二百零三条 因产品存在缺陷造成他人损害的,被侵权人可以向产品的生产者请求赔偿,也可以向产品的销售者请求赔偿。

产品缺陷由生产者造成的,销售者赔偿后,有权向生产者追偿。因销售者的过错使产品存在缺陷的,生产者赔偿后,有权向销售者追偿。

法条释义

以上条文是《民法典》对产品责任的规定。

产品责任,是指由于产品有缺陷,造成了产品的消费者、使用者或其他第三者的人身伤害或财产损失,依法应由生产者或销售者分别或共同负责赔偿的法律责任。所谓产品缺陷,一般包括制造缺陷、设计缺陷、警示缺陷等。

因产品存在缺陷造成他人损害的，被侵权人可以要求生产者承担责任。为了便于被侵权人主张自己的权利，被侵权人也可以向产品的销售者请求赔偿。如果产品责任是由生产者造成的，销售者对被侵权人赔偿后，有权向生产者进行追偿。如果因销售者的过错导致产品存在缺陷，生产者对被侵权人赔偿后，有权向销售者进行追偿。

借出去的车发生交通事故，车主需要承担责任吗？

生活小案例

小李和小刘二人是好朋友，五一假期小刘准备自驾游，于是向小李借了汽车（该车承保了交强险和第三者责任商业险）。小刘在返程的路上发生交通事故，导致对方车辆严重受损，经交通事故责任认定，小刘一方负事故全部责任。事故造成的损害应该由汽车所有人小李承担责任，还是应该由实际使用人小刘承担责任呢？

案例分析

本案涉及机动车交通事故责任问题。本案中，机动车所有人小李将车借给了小刘使用，而小刘在使用汽车过程中发生了交通事故，并负事故全部责任。根据《民法典》的规定，借用他人车辆发生交通事故，属于机动车一方责任的，由实际使用人承担责任，所以在本案中小刘应该承担责任。如果机动车所有人有过错，如明知对方没有驾驶证依然出借，这种情况由机动车所有人承担责任。需要注意，该车辆承保了交强险和第三者责任商业险，对该车承保交强险、第三者责任商业险的保险人支付保险金的义务不因机动车保有人与使用人的分离而受影响，由保险人依序对受害人支付保险金。只有在交强险与商业险不足以弥补损害时，才由机动车使用人小刘承担责任。

关联法条

《中华人民共和国民法典》

第一千二百零九条 因租赁、借用等情形机动车所有人、管理人与使用人不是同一人时，发生交通事故造成损害，属于该机动车一方责任的，由机动车使用人承担赔偿责任；机动车所有人、管理人对损害的发生有过错的，承担相应的赔偿责任。

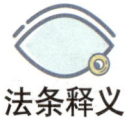

法条释义

本条是《民法典》对机动车出租、出借后发生交通事故的责任认定问题的规定。

原则上，承保交强险和第三者责任商业险的机动车，发生交通事故以后责任承担具有一定顺序：首先，由对该车承保机动车强制保险的保险人在限额范围内向受害人支付保险金；其次，由对该车承保机动车商业保险的保险人依照保险合同的约定向受害人支付保险金；最后，剩余部分由机动车所有人承担责任。如果机动车出租、出借后发生交通事故，导致机动车所有人、管理人、使用人不一致，最后需要承担责任，由机动车使用人承担。

　　租赁、借用机动车发生交通事故造成损害，属于该机动车一方责任的，由机动车使用人承担赔偿责任；如果机动车所有人、管理人对损害的发生有过错，也应承担相应的赔偿责任。有下列情形之一的，可以认定为机动车所有人、管理人对损害的发生具有过错：①知道或者应当知道机动车存在缺陷，且该缺陷是交通事故发生原因之一；②知道或者应当知道驾驶人无驾驶资格或者未取得相应驾驶资格；③知道或者应当知道驾驶人因饮酒、服用国家管制的精神药品或者麻醉药物，或患有妨碍安全驾驶机动车的疾病等依法不能驾驶机动车；④其他应当认定机动车所有人或者管理人有过错的。

无偿搭乘顺风车发生交通事故，司机需要承担责任吗？

生活小案例

五一假期期间，小张准备去郊区游玩，正好邻居小赵也准备自驾去郊区，于是小张搭乘小赵的顺风车一同前往郊区。不料在路上发生交通事故，导致小张受伤。经交通事故责任认定，小赵一方需要承担全部责任。那么对于小张的受伤，小赵需要承担责任吗？

案例分析

本案涉及无偿搭乘他人车辆发生交通事故后的责任承担问题。本案中，小赵无偿让小张搭乘自己的车辆，这是一种助人为乐的行为，是中华民族的传统美德，值得肯定。但是，该无偿搭乘行为却因交通事故导致小张受伤，并且小赵对本次交通事故负全部责任。

对于小张的受伤，根据《民法典》的规定，非营运机动车发生交通事故造成无偿搭乘人损害，属于该机动车一方责任的，应当减轻其赔偿责任。因此，小张的受伤应由小赵承担赔偿责任，但赔偿应当予以减轻。

关联法条

《中华人民共和国民法典》

第一千二百一十七条　非营运机动车发生交通事故造成无偿搭乘人损害，属于该机动车一方责任的，应当减轻其赔偿责任，但是机动车使用人有故意或者重大过失的除外。

法条释义

本条是《民法典》对机动车交通事故责任认定中好意同乘的规定。

好意同乘赔偿规则，是指无偿搭乘他人的机动车在运行中发生交通事故，造成无偿搭乘人的损害，属于该机动车一方责任的，减轻机动车一方赔偿责任的规则。非营运机动车发生交通事故造成无偿搭乘人损害，机动车使用人需要承担责任，但是应当减轻机动车使用人的赔偿责任。如果机动车使用人故意或者有重大过失导致交通事故发生，从而导致无偿搭乘人发生损害，不应当减轻机动车使用人的责任。

医院能泄露病人的病历资料吗？

生活小案例

小何最近经常接到一些医疗器材销售机构和医疗康复机构的推销电话，他们向小何推销医疗器材和康复治疗。

在通话过程中，这些机构可以清晰地说出不久前小何在医院的治疗情况，包括病情、年龄、家庭住址、化验报告、治疗过程等信息。

小何经过追问得知，在没有得到小何允许的情况下，这些机构到医院调取了小何的病历材料。医院的这种行为是否侵犯了小何的合法权益？

 **案例分析**

本案涉及泄露患者隐私和个人信息问题。本案中，小何没有向医疗器材销售机构和医疗康复机构提供过自己就诊的病历材料，也没有允许医院向这类机构提供个人病历。

根据《民法典》的规定，医疗机构及其医务人员应当对患者的隐私和个人信息保密，泄露信息或者未经患者允许公开其病历资料的，需要承担侵权责任。

综上可见，医院的这种行为侵犯了小何的合法权益，应该承担侵权责任。

 **关联法条**

《中华人民共和国民法典》

第一千二百二十六条 医疗机构及其医务人员应当对患者的隐私和个人信息保密。泄露患者的隐私和个人信息，或者未经患者同意公开其病历资料的，应当承担侵权责任。

 **法条释义**

本条是《民法典》对患者的隐私和个人信息保护的规定。

医疗机构（如医院、诊所、康复中心等）和医务人员（医生、护士等）有义务保护患者的隐私和个人信息，如果泄露患者的隐私和个人信息或者未经患者允许公开患者的病历资料，应该承担相应的责任。

本条的规定具有重大意义。首先，《民法典》特别注重对个人隐私和个人信息的保护，在总则部分和人格权编都有相应的规定。其次，现实生活中存在大量的贩卖患者个人信息的行为，严重损害了患者的合法权益。因此，本条在原来规定对患者隐私保护的基础上，增加了对患者个人信息保护的规定。

　　《民法典》对医疗损害责任中患者的隐私和个人信息保护的规定，与《民法典》人格权编中人格权请求权发生竞合。《民法典》第九百九十五条规定，人格权受到侵害的，受害人有权依照本法和其他法律的规定请求行为人承担民事责任。受害人的停止侵害、排除妨碍、消除危险、消除影响、恢复名誉、赔礼道歉请求权，不适用诉讼时效的规定。侵权行为发生后，患者既可以依照《民法典》第一千二百二十六条的规定，要求医疗机构进行损害赔偿，也可以依照《民法典》第九百九十五条的规定，请求医疗机构承担其他民事责任。本条为特别法，依照本条规定请求医疗机构承担侵权责任更为恰当。

患者家属大闹医院,这种行为合法吗?

生活小案例

小王突发疾病在医院病逝,其家属认为医院进行了很多不必要的检查,并且在救治的过程中处置不当,最终导致了小王的死亡。

小王家属不能接受小王病逝的事实,多次到医院寻求说法,医院对整个救治过程和检查项目进行了说明,后经医学、医疗专家鉴定,不存在过度检查和相关医疗事故。

小王家属为索取高额赔偿在医院大厅焚烧纸钱、拉横幅,严重影响了医院的正常运营。小王家属的这种行为合法吗?

案例分析

本案涉及保护医疗机构及其医务人员合法权益的问题。本案中，小王家属认为医院作了很多不必要的检查，且存在治疗方法不当。事后经医学、医疗专家鉴定，医院不存在过度检查和相关医疗事故。因此，医院不需要承担相应的责任。

小王家属在医院焚烧纸钱、拉横幅等行为严重影响了医院的正常秩序，影响了其他患者的就诊和医务人员的救治工作。根据《民法典》的规定，干扰医疗秩序，妨碍医务人员工作、生活，侵害医务人员合法权益的，应当依法承担法律责任。

综上可见，小王家属的行为不符合法律规定，应当承担相应的责任。

《中华人民共和国民法典》

第一千二百二十八条　医疗机构及其医务人员的合法权益受法律保护。

干扰医疗秩序，妨碍医务人员工作、生活，侵害医务人员合法权益的，应当依法承担法律责任。

本条是《民法典》对维护医疗机构及其医务人员合法权益的规定。

面对近年来频发的伤医事件，《民法典》为充分保障医务人员的合法权益，规定医疗机构及其医务人员的合法权益受法律保护，并明确干扰医疗秩序，妨碍医务人员工作、生活，侵害医务人员合法权益的人员需要承担相应的法律责任。

具体来讲，"医闹"的行为人触犯了何种法律，就应当承担何种法律责任，包括民事责任、行政责任和刑事责任，使他们的行为受到处罚，使医疗机构和医务人员的合法权益得到切实保障。

家门前的护城河被污染，臭气熏天，居民应向谁追责？

生活小案例

小杨家门前是一条护城河，几年前河水清澈，人们可以在河边垂钓，在河边柳树下乘凉。现如今这样的场景已经不复存在，河水不再清澈，并伴有难闻的气味，用"臭气熏天"来形容也不为过。

河水的污染是由上游的一家化工厂排放污水造成的，刺鼻的气味和化学物质的排放导致小杨和一些村民患上了肺病。与化工厂多次沟通无果，小杨和其他村民不知该怎么保障自身权益。

案例分析

本案涉及污染环境、破坏生态致损的侵权责任问题。根据《民法典》的规定，因污染环境、破坏生态造成他人损害的，侵权人应当承担侵权责任。

小杨家附近的化工厂没有按照要求对污水进行处理后再排放，直接对河水造成了污染，不仅影响到周边村民的正常生活，还造成小杨等村民的人身损害。

对此，小杨等村民有权向人民法院提起诉讼，要求化工厂承担侵权责任，如停止侵害、进行损害赔偿等。同时，小杨等村民还可以向环境行政机关提出控告，制止化工厂污染环境、破坏生态的违法行为，并要求其对被污染、破坏的生态环境进行修复。

根据《民法典》的规定，违反国家规定造成生态环境损害，生态环境能够修复的，国家规定的机关或者法律规定的组织，如生态环境保护部门、环保公益组织，有权请求侵权人在合理期限内承担修复责任。侵权人在期限内未修复的，国家规定的机关或者法律规定的组织可以自行或者委托他人进行修复，所需费用由侵权人负担。

关联法条

《中华人民共和国民法典》

第一千二百二十九条　因污染环境、破坏生态造成他人损害的，侵权人应当承担侵权责任。

第一千二百三十四条　违反国家规定造成生态环境损害，生态环境能够修复的，国家规定的机关或者法律规定的组织有权请求侵权人在合理期限内承担修复责任。侵权人在期限内未修复的，国家规定的机关或者法律规定的组织可以自行或者委托他人进行修复，所需费用由侵权人负担。

法条释义

以上条文是《民法典》对环境污染和生态破坏责任的规定。

因污染环境、破坏生态造成他人损害的，侵权人应当承担侵权责任，侵权人不能以自己无过错而主张免责。环境污染和生态环境破坏责任的构成要件包括：①行为人实施了污染环境或者破坏生态环境的加害行为；②造成环境污染致人人身、财产损害或者破坏生态环境的加害行为；③加害行为与损害后果间有因果关系。成立环境污染和生态破坏侵权的，根据赔偿权利人的诉讼请求以及具体案情，加害人应当承担以下侵权责任：停止侵害、排除妨碍、消除危险、恢复原状、赔礼道歉等。造成人身损害或者财产损害的，还须承担侵权损害赔偿责任。

需要注意的是，生态环境损害修复责任属于"恢复原状"的具体适用。恢复原状，是指将损坏的财物恢复到原来的状态。恢复原状是承担民事责任的一种方式，这种责任形式也适用于环境污染和生态环境破坏的情况。生态环境损害修复责任具体包括：①将被污染或破坏的环境恢复到原来的状态，即应当治理或修复被污染或破坏的环境；②对因污染或破坏环境而造成的国家、集体或者他人财产的损害予以修复。适用恢复原状这种责任形式的条件是，恢复原状要有可能性和必要性。否则，应选用其他民事责任形式。

遗失雷管被他人拾到后发生爆炸，责任由谁来承担？

生活小案例

小张从事石头开采工作，在平时的工作中需要使用大量的雷管，某天他由于疏忽将一枚雷管遗失。小李拾到小张遗失的雷管，以为是普通铁管，准备当废品卖掉。小李将雷管拿回家以后，雷管发生爆炸，导致小李及其家人受伤。对于小李及其家人所受的伤害，小张需要承担责任吗？

案例分析

本案涉及高度危险责任问题。本案中的小张由于疏忽使雷管遗失，最终导致小李及其家人受伤。雷管属于高度危险物，根据《民法典》的规定，遗失高度危险物造成他人损害的，由所有人承担侵权责任。综上可见，对于小李及其家人的受伤，小张需要承担侵权责任。

关联法条

《中华人民共和国民法典》

第一千二百四十一条 遗失、抛弃高度危险物造成他人损害的，由所有人承担侵权责任。所有人将高度危险物交由他人管理的，由管理人承担侵权责任；所有人有过错的，与管理人承担连带责任。

法条释义

本条是《民法典》对遗失、抛弃高度危险物致害责任的规定。

高度危险物致害责任，是指自然人、法人或者非法人组织所有、占有、管理的危险物被遗失、被抛弃后造成他人损害，应当承担的侵权责任，包括遗失高度危险物、抛弃高度危险物和将高度危险物交由他人管理三种情形。在这三种情形下造成损害的，总体上适用无过错责任原则，即遗失、抛弃高度危险物造成他人损害的，由所有人承担侵权责任；所有人将高度危险物交由他人管理的，由管理人承担侵权责任。例外情况下适用过错责任原则，如明知管理人不具有管理能力，依然委托他人管理的，所有人与管理人承担连带责任。

《民法典》中关于高度危险物致害责任的规定

明确了责任主体,有效保障了被侵权人的合法权益,同时对保管危险物质的单位或者个人也具有一定的警示作用,一定程度上减少了遗失或抛弃高度危险物造成他人损害的案件发生。

宠物或动物园的动物伤害他人，谁来承担责任？

生活小案例

小刘最近很不幸，前两天刚被邻居家的宠物狗咬伤，今天去动物园游玩的时候又被猴子抓伤。小刘很郁闷，他想知道被宠物狗咬伤和被动物园的猴子抓伤都应该由谁来承担责任。

案例分析

本案涉及饲养动物致人损害问题。小刘被邻居家的宠物狗咬伤，邻居需要承担责任。根据《民法典》的规定，饲养的动物造成他人损害的，动物饲养人或者管理人应当承担侵权责任。

本案中，邻居是宠物狗的饲养人，对于小刘的损害，邻居需要承担责任。另外，按照《民法典》的规定，能够证明损害是因被侵权人故意或者重大过失造成的，动物饲养人或管理者可以不承担或者减轻责任。本案中小刘不存在故意行为或者重大过失行为，因此不能减轻或者免除邻居的责任。

本案中，小刘在动物园游玩的时候被猴子抓伤，动物园需要承担责任。根据《民法典》的规定，动物园的动物造成他人损害的，动物园应当承担侵权责任。如果动物园能够证明尽到了监护职责，则动物园不需要承担责任。

《中华人民共和国民法典》

第一千二百四十五条 饲养的动物造成他人损害的，动物饲养人或者管理人应当承担侵权责任；但是，能够证明损害是因被侵权人故意或者重大过失造成的，可以不承担或者减轻责任。

第一千二百四十六条 违反管理规定，未对动物采取安全措施造成他人损害的，动物饲养人或者管理人应当承担侵权责任；但是，能够证明损害是因被侵权人故意造成的，可以减轻责任。

第一千二百四十七条 禁止饲养的烈性犬等危险动物造成他人损害的，动物饲养人或者管理人应当承担侵权责任。

第一千二百四十八条 动物园的动物造成他人损害

的，动物园应当承担侵权责任；但是，能够证明尽到管理职责的，不承担侵权责任。

第一千二百四十九条 遗弃、逃逸的动物在遗弃、逃逸期间造成他人损害的，由动物原饲养人或者管理人承担侵权责任。

第一千二百五十条 因第三人的过错致使动物造成他人损害的，被侵权人可以向动物饲养人或者管理人请求赔偿，也可以向第三人请求赔偿。动物饲养人或者管理人赔偿后，有权向第三人追偿。

第一千二百五十一条 饲养动物应当遵守法律法规，尊重社会公德，不得妨碍他人生活。

法条释义

以上条文是《民法典》对饲养动物致人损害责任承担的规定。

饲养动物致人损害，是指由人工喂养、放养和管理的动物，或者说，为某人所占有或控制的动物造成他人损害。饲养的动物不包括微生物（细菌、病毒），也不包括野生动物。培养、保管的微生物致人损害的，一般属于占有或使用高度危险物致人损害责任。

饲养动物造成他人损害的，动物的饲养人或者管理人应当承担无过错责任；法律有特殊规定的，按照规定处理：

（1）受害人"挑逗"动物，对损害的发生具有故意或者重大过失的，可以减轻饲养人或者管理人的责任。

（2）违反管理规定，未对动物采取安全措施造成他人损害的，只有在受害人有过错时，才可以减轻动物饲养人或者管理人的责任。

（3）动物园饲养的动物致人损害的，动物园只有能够证明自身尽到管理职责时，才不承担侵权责任。

（4）饲养的动物在遗弃、逃逸期间致人损害的，由原饲养人或者管理人承担责任，如果动物中途被他人饲养，则由新的饲养人承担责任。

（5）饲养的动物因第三人的过错致人损害的，受害人可以向动物饲养人或者管理人请求赔偿，也可以向第三人请求赔偿。动物饲养人或者管理人赔偿后，有权向第三人全额追偿。

大风导致窗台花盆掉落砸伤他人,花盆所有人需要承担责任吗?

生活小案例

小刘走到单元楼附近时,大风天气导致二楼邻居老赵家窗台上的花盆坠落,小刘不幸被砸伤。经过两周的治疗后小刘康复出院,治疗费用共计一万元。小刘可以要求老赵承担赔偿责任吗?

案例分析

本案涉及悬挂物致人损害问题。本案中,大风天气导致花盆坠落,可以推定老赵家的花盆固定不牢靠,导致小刘不幸被砸伤。根据《民法典》的规定,建筑物、构筑物或者其他设施及其搁置物、悬挂物发生脱落、坠落造成他人损害,所有人、管理人或者使用人不能证明自己没有过错的,应当承担侵权责任。因此,作为花盆的所有人,邻居老赵需要承担赔偿责任。

关联法条

《中华人民共和国民法典》

第一千二百五十三条　建筑物、构筑物或者其他设施及其搁置物、悬挂物发生脱落、坠落造成他人损害,所有人、管理人或者使用人不能证明自己没有过错的,应当承担侵权责任。所有人、管理人或者使用人赔偿后,有其他责任人的,有权向其他责任人追偿。

第一千二百五十四条　禁止从建筑物中抛掷物品。从建筑物中抛掷物品或者从建筑物上坠落的物品造成他人损害的,由侵权人依法承担侵权责任;经调查难以确定具体侵权人的,除能够证明自己不是侵权人的外,由可能加害的建筑物使用人给予补偿。可能加害的建筑物使用人补偿后,有权向侵权人追偿。

物业服务企业等建筑物管理人应当采取必要的安全保障措施防止前款规定情形的发生;未采取必要的安全保障措施的,应当依法承担未履行安全保障义务的侵权责任。

发生本条第一款规定的情形的,公安等机关应当依法及时调查,查清责任人。

法条释义

以上条文是《民法典》对悬挂物致人损害责任以及"高空抛物"致人损害责任的规定。

悬挂物致人损害的，其所有人、管理人或者使用人应该承担相应的责任，如果能够证明自己没有过错，则不需要承担责任。所有人、管理人或者使用人赔偿后，有其他责任人的，有权向其他责任人追偿。悬挂物致人损害责任的构成要件包括：①因建筑物、构筑物或者其他设施及其搁置物、悬挂物造成损害；②方式为脱落或者坠落；③造成了他人的人身伤害或财产损失；④不动产及其搁置物、悬挂物的所有人、管理人或者使用人不能证明自己不存在过失的，推定所有人、管理人或者使用人存在过失。

日常生活中和悬挂物致人损害案件类似并且多发的案件就是"高空抛物"致人损害案件。"高空抛物"致人损害的，由侵权人承担责任。不能确定侵权人的，由可能加害的建筑物使用人给予补偿，如果能够证明自己不是侵权人的（如该户居民常年不在家，无人居住），可以不进行补偿。如果事后发现了侵权人，可以向其追偿。物业等建筑物管理人应当采取必要的安全保障措施防止类似情况的发生，未采取必要的安全保障措施，损害发生后需要承担相应的侵权责任。明确物业等建筑物管理人的责任，有利于充分保障被侵权人的合法权益。在维护良好的邻里关系的同时，我们还应注意自身的行为不要侵犯到他人的合法权益。

附录：

中华人民共和国民法典·人格权编 侵权责任编

（2020年5月28日第十三届全国人民代表大会第三次会议通过，自2021年1月1日起施行）

中华人民共和国国史稿
人物卷（征求意见稿）

第四编 人格权

第一章 一般规定

第九百八十九条 本编调整因人格权的享有和保护产生的民事关系。

第九百九十条 人格权是民事主体享有的生命权、身体权、健康权、姓名权、名称权、肖像权、名誉权、荣誉权、隐私权等权利。

除前款规定的人格权外,自然人享有基于人身自由、人格尊严产生的其他人格权益。

第九百九十一条 民事主体的人格权受法律保护,任何组织或者个人不得侵害。

第九百九十二条 人格权不得放弃、转让或者继承。

第九百九十三条 民事主体可以将自己的姓名、名称、肖像等许可他人使用,但是依照法律规定或者根据其性质不得许可的除外。

第九百九十四条 死者的姓名、肖像、名誉、荣誉、隐私、遗体等受到侵害的,其配偶、子女、父母有权依法请求行为人承担民事责任;死者没有配偶、子女且父母已经死亡的,其他近亲属有权依法请求行为人承担民事责任。

第九百九十五条 人格权受到侵害的,受害人有权依照本法和其他法律的规定请求行为人承担民事责任。受害人的停止侵害、排除妨碍、消除危险、消除影响、恢复名誉、赔礼道歉请求权,不适用诉讼时效的规定。

第九百九十六条 因当事人一方的违约行为,损害对方人格权并造成严重精神损害,受损害方选择请求其承担违约责任的,不影响受损害方请求精神损害赔偿。

第九百九十七条 民事主体有证据证明行为人正在实施或者即将实施侵害其人格权的违法行为,不及时制止将使其合法权益受到难以弥补的损害的,有权依法向人民法院申请采取责令行为人停止有关行为的措施。

第九百九十八条 认定行为人承担侵害除生命权、身体权和健康权外的人格权的民事责任，应当考虑行为人和受害人的职业、影响范围、过错程度，以及行为的目的、方式、后果等因素。

第九百九十九条 为公共利益实施新闻报道、舆论监督等行为的，可以合理使用民事主体的姓名、名称、肖像、个人信息等；使用不合理侵害民事主体人格权的，应当依法承担民事责任。

第一千条 行为人因侵害人格权承担消除影响、恢复名誉、赔礼道歉等民事责任的，应当与行为的具体方式和造成的影响范围相当。

行为人拒不承担前款规定的民事责任的，人民法院可以采取在报刊、网络等媒体上发布公告或者公布生效裁判文书等方式执行，产生的费用由行为人负担。

第一千零一条 对自然人因婚姻家庭关系等产生的身份权利的保护，适用本法第一编、第五编和其他法律的相关规定；没有规定的，可以根据其性质参照适用本编人格权保护的有关规定。

第二章 生命权、身体权和健康权

第一千零二条 自然人享有生命权。自然人的生命安全和生命尊严受法律保护。任何组织或者个人不得侵害他人的生命权。

第一千零三条 自然人享有身体权。自然人的身体完整和行动自由受法律保护。任何组织或者个人不得侵害他人的身体权。

第一千零四条 自然人享有健康权。自然人的身心健康受法律保护。任何组织或者个人不得侵害他人的健康权。

第一千零五条 自然人的生命权、身体权、健康权受到侵害或者处于其他危难情形的，负有法定救助义务的组织或者个人应当及时施救。

第一千零六条 完全民事行为能力人有权依法自主决定无偿捐献其人体细胞、人体组织、人体器官、遗体。任何组织或者个人不得强迫、欺骗、利诱其捐献。

完全民事行为能力人依据前款规定同意捐献的，应当采用书面形式，也可以订立遗嘱。

自然人生前未表示不同意捐献的，该自然人死亡后，其配偶、成年子女、父母可以共同决定捐献，决定捐献应当采用书面形式。

第一千零七条 禁止以任何形式买卖人体细胞、人体组织、人体器官、遗体。违反前款规定的买卖行为无效。

第一千零八条 为研制新药、医疗器械或者发展新的预防和治疗方法，需要进行临床试验的，应当依法经相关主管部门批准并经伦理委员会审查同意，向受试者或者受试者的监护人告知试验目的、用途和可能产生的风险等详细情况，并经其书面同意。

进行临床试验的，不得向受试者收取试验费用。

第一千零九条 从事与人体基因、人体胚胎等有关的医学和科研活动，应当遵守法律、行政法规和国家有关规定，不得危害人体健康，不得违背伦理道德，不得损害公共利益。

第一千零一十条 违背他人意愿，以言语、文字、图像、肢体行为等方式对他人实施性骚扰的，受害人有权依法请求行为人承担民事责任。

机关、企业、学校等单位应当采取合理的预防、受理投诉、调查处置等措施，防止和制止利用职权、从属关系等实施性骚扰。

第一千零一十一条 以非法拘禁等方式剥夺、限制他人的行动自由，或者非法搜查他人身体的，受害人有权依法请求行为人承担民事责任。

第三章 姓名权和名称权

第一千零一十二条 自然人享有姓名权，有权依法决定、使用、变更或者许可他人使用自己的姓名，但是不得违背公序良俗。

第一千零一十三条 法人、非法人组织享有名称权，有权依法决定、使用、变更、转让或者许可他人使用自己的名称。

第一千零一十四条 任何组织或者个人不得以干涉、盗用、假冒等方式侵害他人的姓名权或者名称权。

第一千零一十五条 自然人应当随父姓或者母姓，但是有下列情形之一的，可以在父姓和母姓之外选取姓氏：

（一）选取其他直系长辈血亲的姓氏；

（二）因由法定扶养人以外的人扶养而选取扶养人姓氏；

（三）有不违背公序良俗的其他正当理由。

少数民族自然人的姓氏可以遵从本民族的文化传统和风俗习惯。

第一千零一十六条 自然人决定、变更姓名，或者法人、非法人组织决定、变更、转让名称的，应当依法向有关机关办理登记手续，但是法律另有规定的除外。

民事主体变更姓名、名称的，变更前实施的民事法律行为对其具有法律约束力。

第一千零一十七条 具有一定社会知名度，被他人使用足以造成公众混淆的笔名、艺名、网名、译名、字号、姓名和名称的简称等，参照适用姓名权和名称权保护的有关规定。

第四章 肖像权

第一千零一十八条 自然人享有肖像权，有权依法制作、使用、公开或者许可他人使用自己的肖像。

肖像是通过影像、雕塑、绘画等方式在一定载体上所反映的特定自然人可以被识别的外部形象。

第一千零一十九条 任何组织或者个人不得以丑化、污损，或者利用信息技术手段伪造等方式侵害他人的肖像权。未经肖像权人同意，不得制作、使用、公开肖像权人的肖像，但是法律另有规定的除外。

未经肖像权人同意，肖像作品权利人不得以发表、复制、发行、出租、展览等方式使用或者公开肖像权人的肖像。

第一千零二十条 合理实施下列行为的，可以不经肖像权人同意：

（一）为个人学习、艺术欣赏、课堂教学或者科学研究，在必要范围内使用肖像权人已经公开的肖像；

（二）为实施新闻报道，不可避免地制作、使用、公开肖像权人的肖像；

（三）为依法履行职责，国家机关在必要范围内制作、使用、公开肖像权人的肖像；

（四）为展示特定公共环境，不可避免地制作、使用、公开肖像权人的肖像；

（五）为维护公共利益或者肖像权人合法权益，制作、使用、公开肖像权人的肖像的其他行为。

第一千零二十一条 当事人对肖像许可使用合同中关于肖像使用条款的理解有争议的，应当作出有利于肖像权人的解释。

第一千零二十二条 当事人对肖像许可使用期限没有约定或者约定不明确的，任何一方当事人可以随时解除肖像许可使用合同，但是应当在合理期限之前通知对方。

当事人对肖像许可使用期限有明确约定，肖像权人有正当理由的，可以解除肖像许可使用合同，但是应当在合理期限之前通知对方。因解除合同造成对方损失的，除不可归责于肖像权人的事由外，应当赔偿损失。

第一千零二十三条 对姓名等的许可使用，参照适用肖像许可使用的有关规定。

对自然人声音的保护，参照适用肖像权保护的有关规定。

第五章　名誉权和荣誉权

第一千零二十四条 民事主体享有名誉权。任何组织或者个人不得以侮辱、诽谤等方式侵害他人的名誉权。

名誉是对民事主体的品德、声望、才能、信用等的社会评价。

第一千零二十五条 行为人为公共利益实施新闻报道、舆论监督等行为，影响他人名誉的，不承担民事责任，但是有下列情形之一的除外：

（一）捏造、歪曲事实；

（二）对他人提供的严重失实内容未尽到合理核实义务；

（三）使用侮辱性言辞等贬损他人名誉。

第一千零二十六条 认定行为人是否尽到前条第二项规定的合理核实义务，应当考虑下列因素：

（一）内容来源的可信度；

（二）对明显可能引发争议的内容是否进行了必要的调查；

（三）内容的时限性；

（四）内容与公序良俗的关联性；

（五）受害人名誉受贬损的可能性；

（六）核实能力和核实成本。

第一千零二十七条 行为人发表的文学、艺术作品以真人真事或者特定人为描述对象，含有侮辱、诽谤内容，侵害他人名誉权的，受害人有权依法请求该行为人承担民事责任。

行为人发表的文学、艺术作品不以特定人为描述对象，仅其中的情节与该特定人的情况相似的，不承担民事责任。

第一千零二十八条 民事主体有证据证明报刊、网络等媒体报道的内容失实，侵害其名誉权的，有权请求该媒体及时采取更正或者删除等必要措施。

第一千零二十九条 民事主体可以依法查询自己的信用评价；发现信用评价不当的，有权提出异议并请求采取更正、删除等必要措施。信用评价人应当及时核查，经核查属实的，应当及时采取必要措施。

第一千零三十条 民事主体与征信机构等信用信息处理者之间的关系，适用本编有关个人信息保护的规定和其他法律、行政法规的有关规定。

第一千零三十一条 民事主体享有荣誉权。任何组织或者个人不得非法剥夺他人的荣誉称号，不得诋毁、贬损他人的荣誉。

获得的荣誉称号应当记载而没有记载的，民事主体可以请求记载；获得的荣誉称号记载错误的，民事主体可以请求更正。

第六章　隐私权和个人信息保护

第一千零三十二条　自然人享有隐私权。任何组织或者个人不得以刺探、侵扰、泄露、公开等方式侵害他人的隐私权。

隐私是自然人的私人生活安宁和不愿为他人知晓的私密空间、私密活动、私密信息。

第一千零三十三条　除法律另有规定或者权利人明确同意外，任何组织或者个人不得实施下列行为：

（一）以电话、短信、即时通讯工具、电子邮件、传单等方式侵扰他人的私人生活安宁；

（二）进入、拍摄、窥视他人的住宅、宾馆房间等私密空间；

（三）拍摄、窥视、窃听、公开他人的私密活动；

（四）拍摄、窥视他人身体的私密部位；

（五）处理他人的私密信息；

（六）以其他方式侵害他人的隐私权。

第一千零三十四条　自然人的个人信息受法律保护。

个人信息是以电子或者其他方式记录的能够单独或者与其他信息结合识别特定自然人的各种信息，包括自然人的姓名、出生日期、身份证件号码、生物识别信息、住址、电话号码、电子邮箱、健康信息、行踪信息等。

个人信息中的私密信息，适用有关隐私权的规定；没有规定的，适用有关个人信息保护的规定。

第一千零三十五条　处理个人信息的，应当遵循合法、正当、必要原则，不得过度处理，并符合下列条件：

（一）征得该自然人或者其监护人同意，但是法律、行政法规另有规定的除外；

（二）公开处理信息的规则；

（三）明示处理信息的目的、方式和范围；

（四）不违反法律、行政法规的规定和双方的约定。

个人信息的处理包括个人信息的收集、存储、使用、加工、传输、提供、公开等。

第一千零三十六条 处理个人信息，有下列情形之一的，行为人不承担民事责任：

（一）在该自然人或者其监护人同意的范围内合理实施的行为；

（二）合理处理该自然人自行公开的或者其他已经合法公开的信息，但是该自然人明确拒绝或者处理该信息侵害其重大利益的除外；

（三）为维护公共利益或者该自然人合法权益，合理实施的其他行为。

第一千零三十七条 自然人可以依法向信息处理者查阅或者复制其个人信息；发现信息有错误的，有权提出异议并请求及时采取更正等必要措施。

自然人发现信息处理者违反法律、行政法规的规定或者双方的约定处理其个人信息的，有权请求信息处理者及时删除。

第一千零三十八条 信息处理者不得泄露或者篡改其收集、存储的个人信息；未经自然人同意，不得向他人非法提供其个人信息，但是经过加工无法识别特定个人且不能复原的除外。

信息处理者应当采取技术措施和其他必要措施，确保其收集、存储的个人信息安全，防止信息泄露、篡改、丢失；发生或者可能发生个人信息泄露、篡改、丢失的，应当及时采取补救措施，按照规定告知自然人并向有关主管部门报告。

第一千零三十九条 国家机关、承担行政职能的法定机构及其工作人员对于履行职责过程中知悉的自然人的隐私和个人信息，应当予以保密，不得泄露或者向他人非法提供。

第七编　侵权责任

第一章　一般规定

第一千一百六十四条　本编调整因侵害民事权益产生的民事关系。

第一千一百六十五条　行为人因过错侵害他人民事权益造成损害的，应当承担侵权责任。

依照法律规定推定行为人有过错，其不能证明自己没有过错的，应当承担侵权责任。

第一千一百六十六条　行为人造成他人民事权益损害，不论行为人有无过错，法律规定应当承担侵权责任的，依照其规定。

第一千一百六十七条　侵权行为危及他人人身、财产安全的，被侵权人有权请求侵权人承担停止侵害、排除妨碍、消除危险等侵权责任。

第一千一百六十八条　二人以上共同实施侵权行为，造成他人损害的，应当承担连带责任。

第一千一百六十九条　教唆、帮助他人实施侵权行为的，应当与行为人承担连带责任。

教唆、帮助无民事行为能力人、限制民事行为能力人实施侵权行为的，应当承担侵权责任；该无民事行为能力人、限制民事行为能力人的监护人未尽到监护职责的，应当承担相应的责任。

第一千一百七十条　二人以上实施危及他人人身、财产安全的行为，其中一人或者数人的行为造成他人损害，能够确定具体侵权人的，由侵权人承担责任；不能确定具体侵权人的，行为人承担连带责任。

第一千一百七十一条　二人以上分别实施侵权行为造成同一损害，每个人的侵权行为都足以造成全部损害的，行为人承担连带责任。

第一千一百七十二条　二人以上分别实施侵权行为造成同一损害，能够确定责任大小的，各自承担相应的责任；难以确定责任大小的，平均承担责任。

第一千一百七十三条 被侵权人对同一损害的发生或者扩大有过错的，可以减轻侵权人的责任。

第一千一百七十四条 损害是因受害人故意造成的，行为人不承担责任。

第一千一百七十五条 损害是因第三人造成的，第三人应当承担侵权责任。

第一千一百七十六条 自愿参加具有一定风险的文体活动，因其他参加者的行为受到损害的，受害人不得请求其他参加者承担侵权责任；但是，其他参加者对损害的发生有故意或者重大过失的除外。

活动组织者的责任适用本法第一千一百九十八条至第一千二百零一条的规定。

第一千一百七十七条 合法权益受到侵害，情况紧迫且不能及时获得国家机关保护，不立即采取措施将使其合法权益受到难以弥补的损害的，受害人可以在保护自己合法权益的必要范围内采取扣留侵权人的财物等合理措施；但是，应当立即请求有关国家机关处理。

受害人采取的措施不当造成他人损害的，应当承担侵权责任。

第一千一百七十八条 本法和其他法律对不承担责任或者减轻责任的情形另有规定的，依照其规定。

第二章　损害赔偿

第一千一百七十九条 侵害他人造成人身损害的，应当赔偿医疗费、护理费、交通费、营养费、住院伙食补助费等为治疗和康复支出的合理费用，以及因误工减少的收入。造成残疾的，还应当赔偿辅助器具费和残疾赔偿金；造成死亡的，还应当赔偿丧葬费和死亡赔偿金。

第一千一百八十条 因同一侵权行为造成多人死亡的，可以以相同数额确定死亡赔偿金。

第一千一百八十一条 被侵权人死亡的，其近亲属有权请求侵权人承担侵权责任。被侵权人为组织，该组织分立、合并的，承继权利的组织有权请求侵权人承担侵权责任。

被侵权人死亡的,支付被侵权人医疗费、丧葬费等合理费用的人有权请求侵权人赔偿费用,但是侵权人已经支付该费用的除外。

第一千一百八十二条 侵害他人人身权益造成财产损失的,按照被侵权人因此受到的损失或者侵权人因此获得的利益赔偿;被侵权人因此受到的损失以及侵权人因此获得的利益难以确定,被侵权人和侵权人就赔偿数额协商不一致,向人民法院提起诉讼的,由人民法院根据实际情况确定赔偿数额。

第一千一百八十三条 侵害自然人人身权益造成严重精神损害的,被侵权人有权请求精神损害赔偿。

因故意或者重大过失侵害自然人具有人身意义的特定物造成严重精神损害的,被侵权人有权请求精神损害赔偿。

第一千一百八十四条 侵害他人财产的,财产损失按照损失发生时的市场价格或者其他合理方式计算。

第一千一百八十五条 故意侵害他人知识产权,情节严重的,被侵权人有权请求相应的惩罚性赔偿。

第一千一百八十六条 受害人和行为人对损害的发生都没有过错的,依照法律的规定由双方分担损失。

第一千一百八十七条 损害发生后,当事人可以协商赔偿费用的支付方式。协商不一致的,赔偿费用应当一次性支付;一次性支付确有困难的,可以分期支付,但是被侵权人有权请求提供相应的担保。

第三章 责任主体的特殊规定

第一千一百八十八条 无民事行为能力人、限制民事行为能力人造成他人损害的,由监护人承担侵权责任。监护人尽到监护职责的,可以减轻其侵权责任。

有财产的无民事行为能力人、限制民事行为能力人造成他人损害的,从本人财产中支付赔偿费用;不足部分,由监护人赔偿。

第一千一百八十九条 无民事行为能力人、限制民事行为能力人造成他人损害,监护人将监护职责委托给他人的,监护人应当承担侵权责任;受托人有过错的，承担相应的责任。

第一千一百九十条 完全民事行为能力人对自己的行为暂时没有意识或者失去控制造成他人损害有过错的，应当承担侵权责任；没有过错的，根据行为人的经济状况对受害人适当补偿。

完全民事行为能力人因醉酒、滥用麻醉药品或者精神药品对自己的行为暂时没有意识或者失去控制造成他人损害的，应当承担侵权责任。

第一千一百九十一条 用人单位的工作人员因执行工作任务造成他人损害的，由用人单位承担侵权责任。用人单位承担侵权责任后，可以向有故意或者重大过失的工作人员追偿。

劳务派遣期间，被派遣的工作人员因执行工作任务造成他人损害的，由接受劳务派遣的用工单位承担侵权责任；劳务派遣单位有过错的，承担相应的责任。

第一千一百九十二条 个人之间形成劳务关系，提供劳务一方因劳务造成他人损害的，由接受劳务一方承担侵权责任。接受劳务一方承担侵权责任后，可以向有故意或者重大过失的提供劳务一方追偿。提供劳务一方因劳务受到损害的，根据双方各自的过错承担相应的责任。

提供劳务期间，因第三人的行为造成提供劳务一方损害的，提供劳务一方有权请求第三人承担侵权责任，也有权请求接受劳务一方给予补偿。接受劳务一方补偿后，可以向第三人追偿。

第一千一百九十三条 承揽人在完成工作过程中造成第三人损害或者自己损害的，定作人不承担侵权责任。但是，定作人对定作、指示或者选任有过错的，应当承担相应的责任。

第一千一百九十四条 网络用户、网络服务提供者利用网络侵害他人民事权益的，应当承担侵权责任。法律另有规定的，依照其规定。

第一千一百九十五条 网络用户利用网络服务实施侵权行为的，权利人有权通知网络服务提供者采取删除、屏蔽、断开链接等必要措施。通知应当包括构成侵权的初步证据及权利人的真实身份信息。

网络服务提供者接到通知后，应当及时将该通知转送相关网络用户，并根据构成侵权的初步证据和服务类型采取必要措施；未及时采取必要措施的，对损害的扩大部分与该网络用户承担连带责任。

权利人因错误通知造成网络用户或者网络服务提供者损害的，应当承担侵权责任。法律另有规定的，依照其规定。

第一千一百九十六条 网络用户接到转送的通知后，可以向网络服务提供者提交不存在侵权行为的声明。声明应当包括不存在侵权行为的初步证据及网络用户的真实身份信息。

网络服务提供者接到声明后，应当将该声明转送发出通知的权利人，并告知其可以向有关部门投诉或者向人民法院提起诉讼。网络服务提供者在转送声明到达权利人后的合理期限内，未收到权利人已经投诉或者提起诉讼通知的，应当及时终止所采取的措施。

第一千一百九十七条 网络服务提供者知道或者应当知道网络用户利用其网络服务侵害他人民事权益，未采取必要措施的，与该网络用户承担连带责任。

第一千一百九十八条 宾馆、商场、银行、车站、机场、体育场馆、娱乐场所等经营场所、公共场所的经营者、管理者或者群众性活动的组织者，未尽到安全保障义务，造成他人损害的，应当承担侵权责任。

因第三人的行为造成他人损害的，由第三人承担侵权责任；经营者、管理者或者组织者未尽到安全保障义务的，承担相应的补充责任。经营者、管理者或者组织者承担补充责任后，可以向第三人追偿。

第一千一百九十九条 无民事行为能力人在幼儿园、学校或者其他教育机构学习、生活期间受到人身损害的，幼儿园、学校或者其他教育机构应当承担侵权责任；但是，能够证明尽到教育、管理职责的，不承担侵权责任。

第一千二百条 限制民事行为能力人在学校或者其他教育机构学习、生活期间受到人身损害，学校或者其他教育机构未尽到教育、管理职责的，应当承担侵权责任。

第一千二百零一条 无民事行为能力人或者限制民事行为能力人在幼儿园、学校或者其他教育机构学习、生活期间，受到幼儿园、学校或者其他教育机构以外的第三人人身损害的，由第三人承担侵权责任；幼儿园、学校或者其他教育机构未尽到管理职责的，承担相应的补充责任。幼儿园、学校或者其他教育机构承担补充责任后，可以向第三人追偿。

第四章　产品责任

第一千二百零二条　因产品存在缺陷造成他人损害的，生产者应当承担侵权责任。

第一千二百零三条　因产品存在缺陷造成他人损害的，被侵权人可以向产品的生产者请求赔偿，也可以向产品的销售者请求赔偿。

产品缺陷由生产者造成的，销售者赔偿后，有权向生产者追偿。因销售者的过错使产品存在缺陷的，生产者赔偿后，有权向销售者追偿。

第一千二百零四条　因运输者、仓储者等第三人的过错使产品存在缺陷，造成他人损害的，产品的生产者、销售者赔偿后，有权向第三人追偿。

第一千二百零五条　因产品缺陷危及他人人身、财产安全的，被侵权人有权请求生产者、销售者承担停止侵害、排除妨碍、消除危险等侵权责任。

第一千二百零六条　产品投入流通后发现存在缺陷的，生产者、销售者应当及时采取停止销售、警示、召回等补救措施；未及时采取补救措施或者补救措施不力造成损害扩大的，对扩大的损害也应当承担侵权责任。

依据前款规定采取召回措施的，生产者、销售者应当负担被侵权人因此支出的必要费用。

第一千二百零七条　明知产品存在缺陷仍然生产、销售，或者没有依据前条规定采取有效补救措施，造成他人死亡或者健康严重损害的，被侵权人有权请求相应的惩罚性赔偿。

第五章　机动车交通事故责任

第一千二百零八条　机动车发生交通事故造成损害的，依照道路交通安全法律和本法的有关规定承担赔偿责任。

第一千二百零九条　因租赁、借用等情形机动车所有人、管理人与使用人不是同一人时，发生交通事故造成损害，属于该机动车一方责任的，由机动车使用人承担赔偿责任；机动车所有人、管理人对损害的发生有过错的，承担相应的赔偿责任。

第一千二百一十条　当事人之间已经以买卖或者其他方式转让并交付机动车但是未办理登记，发生交通事故造成损害，属于该机动车一方责任的，由受让人承担赔偿责任。

第一千二百一十一条　以挂靠形式从事道路运输经营活动的机动车，发生交通事故造成损害，属于该机动车一方责任的，由挂靠人和被挂靠人承担连带责任。

第一千二百一十二条　未经允许驾驶他人机动车，发生交通事故造成损害，属于该机动车一方责任的，由机动车使用人承担赔偿责任；机动车所有人、管理人对损害的发生有过错的，承担相应的赔偿责任，但是本章另有规定的除外。

第一千二百一十三条　机动车发生交通事故造成损害，属于该机动车一方责任的，先由承保机动车强制保险的保险人在强制保险责任限额范围内予以赔偿；不足部分，由承保机动车商业保险的保险人按照保险合同的约定予以赔偿；仍然不足或者没有投保机动车商业保险的，由侵权人赔偿。

第一千二百一十四条　以买卖或者其他方式转让拼装或者已经达到报废标准的机动车，发生交通事故造成损害的，由转让人和受让人承担连带责任。

第一千二百一十五条　盗窃、抢劫或者抢夺的机动车发生交通事故造成损害的，由盗窃人、抢劫人或者抢夺人承担赔偿责任。盗窃人、抢劫人或者抢夺人与机动车使用人不是同一人，发生交通事故造成损害，属于该机动车一方责任的，由盗窃人、抢劫人或者抢夺人与机动车使用人承担连带责任。

保险人在机动车强制保险责任限额范围内垫付抢救费用的，有权向交通事故责任人追偿。

第一千二百一十六条　机动车驾驶人发生交通事故后逃逸，该机动车参加强制保险的，由保险人在机动车强制保险责任限额范围内予以赔偿；机动车不明、该机动车未参加强制保险或者抢救费用超过机动车强制保险责任限额，需要支付被侵权人人身伤亡的抢救、丧葬等费用的，由道路交通事故社会救助基金垫付。道路交通事故社会救助基金垫付后，其管理机构有权向交通事故责任人追偿。

第一千二百一十七条 非营运机动车发生交通事故造成无偿搭乘人损害，属于该机动车一方责任的，应当减轻其赔偿责任，但是机动车使用人有故意或者重大过失的除外。

第六章 医疗损害责任

第一千二百一十八条 患者在诊疗活动中受到损害，医疗机构或者其医务人员有过错的，由医疗机构承担赔偿责任。

第一千二百一十九条 医务人员在诊疗活动中应当向患者说明病情和医疗措施。需要实施手术、特殊检查、特殊治疗的，医务人员应当及时向患者具体说明医疗风险、替代医疗方案等情况，并取得其明确同意；不能或者不宜向患者说明的，应当向患者的近亲属说明，并取得其明确同意。

医务人员未尽到前款义务，造成患者损害的，医疗机构应当承担赔偿责任。

第一千二百二十条 因抢救生命垂危的患者等紧急情况，不能取得患者或者其近亲属意见的，经医疗机构负责人或者授权的负责人批准，可以立即实施相应的医疗措施。

第一千二百二十一条 医务人员在诊疗活动中未尽到与当时的医疗水平相应的诊疗义务，造成患者损害的，医疗机构应当承担赔偿责任。

第一千二百二十二条 患者在诊疗活动中受到损害，有下列情形之一的，推定医疗机构有过错：

（一）违反法律、行政法规、规章以及其他有关诊疗规范的规定；

（二）隐匿或者拒绝提供与纠纷有关的病历资料；

（三）遗失、伪造、篡改或者违法销毁病历资料。

第一千二百二十三条 因药品、消毒产品、医疗器械的缺陷，或者输入不合格的血液造成患者损害的，患者可以向药品上市许可持有人、生产者、血液提供机构请求赔偿，也可以向医疗机构请求赔偿。患者向医疗机构请求赔偿的，医疗机构赔偿后，有权向负有责任的药品上市许可持有人、生产者、血液提供机构追偿。

第一千二百二十四条 患者在诊疗活动中受到损害,有下列情形之一的,医疗机构不承担赔偿责任:

(一)患者或者其近亲属不配合医疗机构进行符合诊疗规范的诊疗;

(二)医务人员在抢救生命垂危的患者等紧急情况下已经尽到合理诊疗义务;

(三)限于当时的医疗水平难以诊疗。

前款第一项情形中,医疗机构或者其医务人员也有过错的,应当承担相应的赔偿责任。

第一千二百二十五条 医疗机构及其医务人员应当按照规定填写并妥善保管住院志、医嘱单、检验报告、手术及麻醉记录、病理资料、护理记录等病历资料。

患者要求查阅、复制前款规定的病历资料的,医疗机构应当及时提供。

第一千二百二十六条 医疗机构及其医务人员应当对患者的隐私和个人信息保密。泄露患者的隐私和个人信息,或者未经患者同意公开其病历资料的,应当承担侵权责任。

第一千二百二十七条 医疗机构及其医务人员不得违反诊疗规范实施不必要的检查。

第一千二百二十八条 医疗机构及其医务人员的合法权益受法律保护。

干扰医疗秩序,妨碍医务人员工作、生活,侵害医务人员合法权益的,应当依法承担法律责任。

第七章 环境污染和生态破坏责任

第一千二百二十九条 因污染环境、破坏生态造成他人损害的,侵权人应当承担侵权责任。

第一千二百三十条 因污染环境、破坏生态发生纠纷,行为人应当就法律规定的不承担责任或者减轻责任的情形及其行为与损害之间不存在因果关系承担举证责任。

第一千二百三十一条 两个以上侵权人污染环境、破坏生态的,承担责任的大小，根据污染物的种类、浓度、排放量，破坏生态的方式、范围、程度，以及行为对损害后果所起的作用等因素确定。

第一千二百三十二条 侵权人违反法律规定故意污染环境、破坏生态造成严重后果的，被侵权人有权请求相应的惩罚性赔偿。

第一千二百三十三条 因第三人的过错污染环境、破坏生态的，被侵权人可以向侵权人请求赔偿，也可以向第三人请求赔偿。侵权人赔偿后，有权向第三人追偿。

第一千二百三十四条 违反国家规定造成生态环境损害，生态环境能够修复的，国家规定的机关或者法律规定的组织有权请求侵权人在合理期限内承担修复责任。侵权人在期限内未修复的，国家规定的机关或者法律规定的组织可以自行或者委托他人进行修复，所需费用由侵权人负担。

第一千二百三十五条 违反国家规定造成生态环境损害的，国家规定的机关或者法律规定的组织有权请求侵权人赔偿下列损失和费用：

（一）生态环境受到损害至修复完成期间服务功能丧失导致的损失；

（二）生态环境功能永久性损害造成的损失；

（三）生态环境损害调查、鉴定评估等费用；

（四）清除污染、修复生态环境费用；

（五）防止损害的发生和扩大所支出的合理费用。

第八章　高度危险责任

第一千二百三十六条 从事高度危险作业造成他人损害的，应当承担侵权责任。

第一千二百三十七条 民用核设施或者运入运出核设施的核材料发生核事故造成他人损害的，民用核设施的营运单位应当承担侵权责任；但是，能够证明损害是因战争、武装冲突、暴乱等情形或者受害人故意造成的，不承担责任。

第一千二百三十八条 民用航空器造成他人损害的，民用航空器的经营者应当承担侵权责任；但是，能够证明损害是因受害人故意造成的，不承担责任。

第一千二百三十九条　占有或者使用易燃、易爆、剧毒、高放射性、强腐蚀性、高致病性等高度危险物造成他人损害的，占有人或者使用人应当承担侵权责任；但是，能够证明损害是因受害人故意或者不可抗力造成的，不承担责任。被侵权人对损害的发生有重大过失的，可以减轻占有人或者使用人的责任。

第一千二百四十条　从事高空、高压、地下挖掘活动或者使用高速轨道运输工具造成他人损害的，经营者应当承担侵权责任；但是，能够证明损害是因受害人故意或者不可抗力造成的，不承担责任。被侵权人对损害的发生有重大过失的，可以减轻经营者的责任。

第一千二百四十一条　遗失、抛弃高度危险物造成他人损害的，由所有人承担侵权责任。所有人将高度危险物交由他人管理的，由管理人承担侵权责任；所有人有过错的，与管理人承担连带责任。

第一千二百四十二条　非法占有高度危险物造成他人损害的，由非法占有人承担侵权责任。所有人、管理人不能证明对防止非法占有尽到高度注意义务的，与非法占有人承担连带责任。

第一千二百四十三条　未经许可进入高度危险活动区域或者高度危险物存放区域受到损害，管理人能够证明已经采取足够安全措施并尽到充分警示义务的，可以减轻或者不承担责任。

第一千二百四十四条　承担高度危险责任，法律规定赔偿限额的，依照其规定，但是行为人有故意或者重大过失的除外。

第九章　饲养动物损害责任

第一千二百四十五条　饲养的动物造成他人损害的，动物饲养人或者管理人应当承担侵权责任；但是，能够证明损害是因被侵权人故意或者重大过失造成的，可以不承担或者减轻责任。

第一千二百四十六条　违反管理规定，未对动物采取安全措施造成他人损害的，动物饲养人或者管理人应当承担侵权责任；但是，能够证明损害是因被侵权人故意造成的，可以减轻责任。

第一千二百四十七条 禁止饲养的烈性犬等危险动物造成他人损害的，动物饲养人或者管理人应当承担侵权责任。

第一千二百四十八条 动物园的动物造成他人损害的，动物园应当承担侵权责任；但是，能够证明尽到管理职责的，不承担侵权责任。

第一千二百四十九条 遗弃、逃逸的动物在遗弃、逃逸期间造成他人损害的，由动物原饲养人或者管理人承担侵权责任。

第一千二百五十条 因第三人的过错致使动物造成他人损害的，被侵权人可以向动物饲养人或者管理人请求赔偿，也可以向第三人请求赔偿。动物饲养人或者管理人赔偿后，有权向第三人追偿。

第一千二百五十一条 饲养动物应当遵守法律法规，尊重社会公德，不得妨碍他人生活。

第十章　建筑物和物件损害责任

第一千二百五十二条 建筑物、构筑物或者其他设施倒塌、塌陷造成他人损害的，由建设单位与施工单位承担连带责任，但是建设单位与施工单位能够证明不存在质量缺陷的除外。建设单位、施工单位赔偿后，有其他责任人的，有权向其他责任人追偿。

因所有人、管理人、使用人或者第三人的原因，建筑物、构筑物或者其他设施倒塌、塌陷造成他人损害的，由所有人、管理人、使用人或者第三人承担侵权责任。

第一千二百五十三条 建筑物、构筑物或者其他设施及其搁置物、悬挂物发生脱落、坠落造成他人损害，所有人、管理人或者使用人不能证明自己没有过错的，应当承担侵权责任。所有人、管理人或者使用人赔偿后，有其他责任人的，有权向其他责任人追偿。

第一千二百五十四条 禁止从建筑物中抛掷物品。从建筑物中抛掷物品或者从建筑物上坠落的物品造成他人损害的，由侵权人依法承担侵权责任；经调查难以确定具体侵权人的，除能够证明自己不是侵权人的外，由可能加害的建人给予补偿。可能加害的建筑物使用人补偿后,有权向侵权人追偿。

服务企业等建筑物管理人应当采取必要的安全保障措施防止前款规定发生;未采取必要的安全保障措施的,应当依法承担未履行安全保障义侵权责任。

发生本条第一款规定的情形的,公安等机关应当依法及时调查,查清责任人。

第一千二百五十五条 堆放物倒塌、滚落或者滑落造成他人损害,堆放人不能证明自己没有过错的,应当承担侵权责任。

第一千二百五十六条 在公共道路上堆放、倾倒、遗撒妨碍通行的物品造成他人损害的,由行为人承担侵权责任。公共道路管理人不能证明已经尽到清理、防护、警示等义务的,应当承担相应的责任。

第一千二百五十七条 因林木折断、倾倒或者果实坠落等造成他人损害,林木的所有人或者管理人不能证明自己没有过错的,应当承担侵权责任。

第一千二百五十八条 在公共场所或者道路上挖掘、修缮安装地下设施等造成他人损害,施工人不能证明已经设置明显标志和采取安全措施的,应当承担侵权责任。

窨井等地下设施造成他人损害,管理人不能证明尽到管理职责的,应当承担侵权责任。

附　则

第一千二百五十九条 民法所称的"以上""以下""以内""届满",包括本数;所称的"不满""超过""以外",不包括本数。

第一千二百六十条 本法自2021年1月1日起施行。《中华人民共和国婚姻法》《中华人民共和国继承法》《中华人民共和国民法通则》《中华人民共和国收养法》《中华人民共和国担保法》《中华人民共和国合同法》《中华人民共和国物权法》《中华人民共和国侵权责任法》《中华人民共和国民法总则》同时废止。

筑物使用情形 物 务故